COMPARAISON

ENTRE LA

PHÈDRE DE RACINE

ET CELLE

D'EURIPIDE.

COMPARAISON

ENTRE

LA PHÈDRE

DE RACINE

ET CELLE

D'EURIPIDE,

PAR A. W. SCHLEGEL.

PARIS,

CHEZ TOURNEISEN FILS, LIBRAIRE,

Rue de Seine Saint-Germain, N.° 12.

1807.

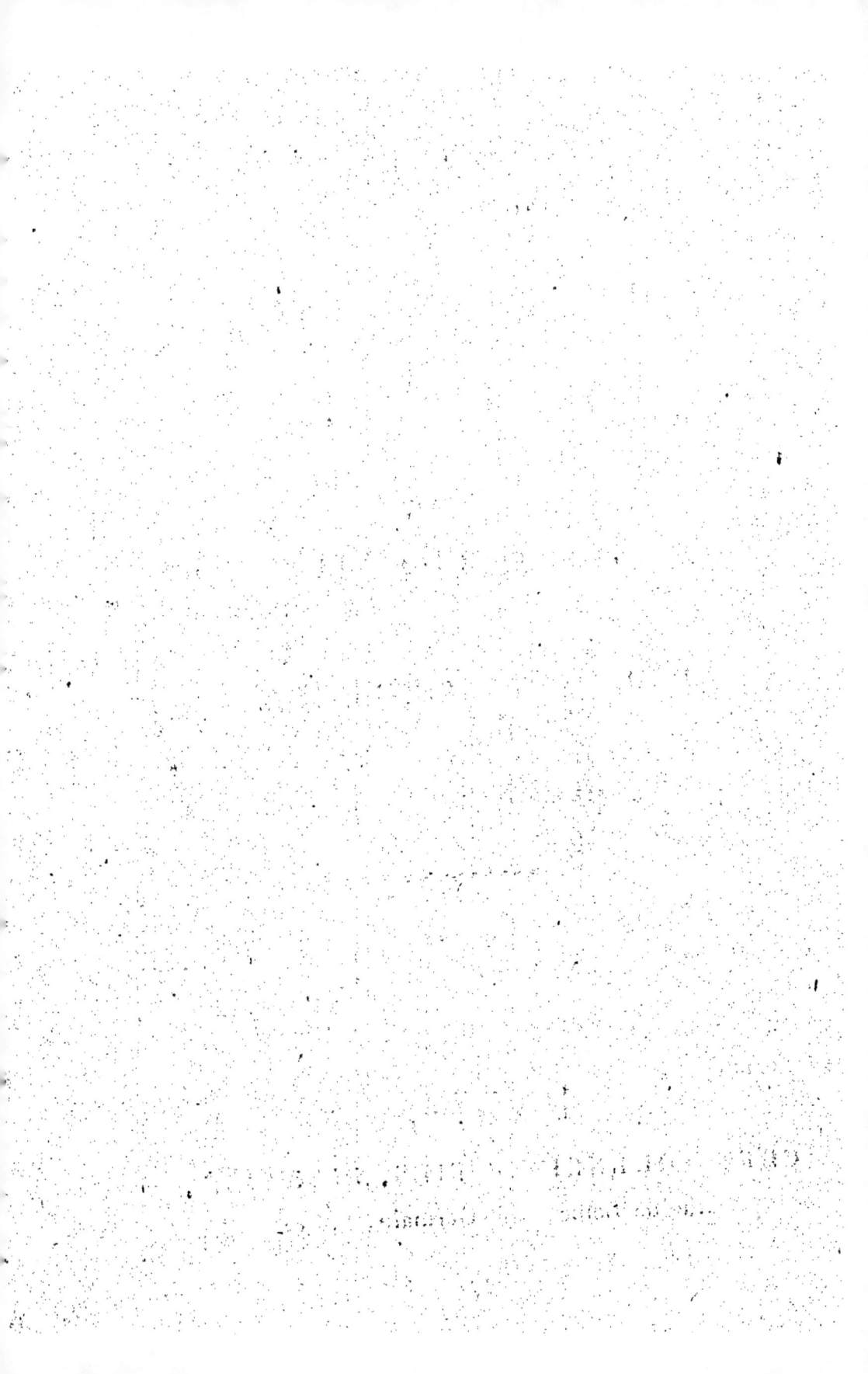

COMPARAISON

ENTRE

LA PHÈDRE DE RACINE

ET CELLE D'EURIPIDE.

———

Racine est le poëte favori des Français, et Phèdre est l'une de ses pièces les plus admirées. On jouit sans comparer, et l'on arrive bientôt à croire que l'objet de notre prédilection est incomparable. Les lecteurs français surtout s'attachent de préférence aux détails de la diction et de la versification : ils ne relèvent que de beaux morceaux, dans des ouvrages qui devraient être sentis et jugés dans leur ensemble. Un parallèle avec une pièce écrite sur le même sujet dans une autre langue, peut donc être utile, en ce qu'il donne à l'attention une direction toute opposée. Les beautés du style et des vers, dans des langues différentes, ne peuvent se comparer entr'elles ; ainsi la comparaison doit tomber nécessairement sur les caractères et leurs rapports mutuels, sur l'art de conduire

l'action et sur l'esprit de la composition en
général.

Le sentiment complet de la langue du poëte
n'est pas nécessaire pour l'examen de ces derniers points, auxquels je me bornerai exclusi-
vement. On pourra donc écouter là-dessus un
étranger et opposer des argumens aux siens ;
mais on ne saurait le récuser d'avance comme
incompétent. Quand même, d'après son point
de vue, il se croirait obligé, dans la comparaison des deux Phèdres, d'accorder la préférence à celle d'Euripide ; les admirateurs
de Racine n'auraient pas lieu d'en être choqués, puisque cela ne concerne nullement
l'objet principal de leur admiration, c'est-à-
dire les inimitables beautés d'une diction poétique et harmonieuse. J'ai d'autant moins hé-
sité à publier les réflexions suivantes, que deux
savans français fort estimables, le Père Brumoi
et l'abbé Batteux, le premier dans son *Théâtre
des Grecs*, le second dans les *Mémoires de
l'Académie royale des inscriptions et belles-
lettres*, ont traité ce sujet à peu près dans le
même sens. Cependant leur comparaison est
beaucoup moins développée que la mienne.
Si j'ai cru pouvoir ajouter quelque chose de
nouveau à leurs remarques judicieuses, c'est

parce que la théorie des beaux-arts et de la poésie et l'étude du génie de l'antiquité ont fait des progrès depuis le temps où ils écrivaient, et parce que la connaissance des autres théâtres modernes m'a donné l'occasion de réfléchir beaucoup sur l'art dramatique. J'ai tâché du moins de distinguer ce qui constitue son essence, d'avec les convenances, les habitudes, les préjugés même de tel siècle ou de telle nation, qui le bornent et le modifient de mille manières.

Il se trouve dans les diverses littératures des ouvrages qui, bien qu'ils portent le même nom et soient censés appartenir au même genre, sont d'une nature si hétérogène et sont placés dans des sphères tellement différentes, que tous les efforts pour les comparer par leurs qualités essentielles seraient vains. C'est ce que nous n'avons pas à craindre dans l'essai que nous nous proposons; du moins si l'opinion établie est fondée. Car la prétention ordinaire des littérateurs français, c'est que le théâtre de leur nation, et surtout le théâtre tragique, repose sur les mêmes principes que celui des Grecs, et qu'il en est comme la continuation, quoiqu'il soit infiniment plus parfait. Cependant les auteurs dramatiques français se sont rus lancés dans cette rivalité peu à peu, et d'abord presque sans le vouloir. Corneille soupçonnait à peine l'excellence du théâtre grec, il ne pensait pas à l'imiter; il avait devant les yeux, surtout dans le commencement de sa carrière, des modèles espagnols qui sont aussi loin qu'il est possible du genre grec. A la fin, voyant que la Poétique d'Aristote jouissait, comme tous les autres écrits de ce philosophe, d'une autorité souveraine, Corneille se mit à démontrer après coup que ses pièces étaient ordonnées selon les règles d'Aristote, et s'acquitta de cette tâche tant bien que mal par des interprétations forcées. Il y aurait parfaitement réussi, que cela ne prouverait pas la ressemblance de ses compositions avec la tragédie grecque, dont Aristote n'a pas du tout saisi le véritable génie; si toutefois on peut le considérer comme l'auteur de cette poétique, dont le texte est fort corrompu, et qui n'est qu'un fragment d'un extrait mal fait de l'ouvrage original. Racine, quoiqu'il connût fort bien les poëtes grecs et qu'il en profitât souvent, a suivi pourtant en général la pratique du théâtre, telle qu'il la trouva établie. Si dans ses deux dernières pièces il a introduit des chœurs, c'est plutôt une occasion particulière qui l'y a engagé,

que le désir de se rapprocher des usages de
la scène grecque. Voltaire, avec une connaissance médiocre des anciens , a essayé
le premier de donner une théorie de la tragédie antique. Il s'explique amplement dans
ses préfaces sur les moyens de s'en rapprocher et de réformer par là le théâtre
français. Dans sa Mérope , il a pour ainsi
dire voulu refaire une tragédie grecque perdue. Il serait curieux de montrer que ,
malgré tout cela, il n'y a rien de plus dissem-
blable, de plus diamétralement opposé, que
la tragédie grecque et la tragédie française ;
cette opinion ne serait peut-être pas très-dif-
ficile à soutenir, si on allait au fond des choses
sans se laisser tromper par quelques confor-
mités extérieures et accidentelles. .

Mais, en laissant cela de côté, il n'y a point
d'inconvénient à comparer une pièce d'un
auteur français avec celle d'un auteur grec,
quand le premier lui-même reconnaît celle-
ci pour son modèle, quand il avoue y avoir
puisé les principales beautés de la sienne,
et qu'ainsi il a voulu seulement adapter un
ouvrage qu'il admirait, aux mœurs de son
siècle, au goût de sa nation. En cas que cette
obligation l'eût poussé à gâter et rapetisser la

pièce originale, il serait encore jusqu'à un certain point personnellement excusable, parce qu'il pourrait avoir agi contre sa conviction. Toujours le poëte, surtout le poëte dramatique, est modifié par le public; aucun génie ne saurait se soustraire entièrement à l'influence de ce qui l'entoure : mais j'observerai qu'en général nous jugeons le mérite d'un poëte solidairement avec celui de sa langue, de sa nation et de son siècle; nous ne demandons pas comment il s'est formé, mais ce qu'il est devenu. Ainsi, sachant d'un côté qu'Euripide a été le poëte favori de ses contemporains, admettant de l'autre, comme nous le devons certainement, que Racine était l'auteur le plus habile et le plus exercé dans la pratique du théâtre français, et qu'il réunissait dans la culture de son esprit les traits les plus saillans et les plus raffinés du siècle de Louis XIV; notre parallèle de l'original et de l'imitation contiendra nécessairement un jugement indirect sur la valeur comparative du siècle d'Euripide et de celui de Racine. Mais quel qu'en soit le résultat, gardons-nous bien de tirer de la comparaison de deux pièces isolées, une conclusion générale sur la préférence à accorder à la littérature tragique de l'une des deux nations. Racine est le poëte tragique le plus estimé du théâtre français ; il est peut-être le plus parfait. Euripide n'était ni l'un ni l'autre, par rapport à ses rivaux dans la même carrière. Je n'ignore pas que la plupart des écrivains modernes, et surtout des français, lui assignent le premier rang parmi les tragiques grecs. Ils se fondent, je crois, sur le mot d'Aristote qui appelle Euripide le plus tragique des poëtes. Cela signifie seulement qu'il porte le plus à l'émotion de la pitié , qu'il présente le tableau des calamités les plus profondes et les plus universelles (comme dans les Troyennes), mais point du tout qu'il est le poëte tragique le plus accompli. Et l'eût-il voulu dire, l'autorité d'Aristote ne devrait pas nous en imposer. La persécution infatigable d'Aristophane seule peut nous convaincre que beaucoup de contemporains apercevaient dans l'objet de la faveur publique la dégénération de l'art. La proposition de Platon d'éconduire poliment les poëtes dramatiques hors de sa république, *parce que*, dit-il, *ils accordent trop aux écarts de la passion et trop peu à la fermeté d'une volonté morale, et qu'ils rendent les hommes efféminés par les plaintes excessives dans le malheur, mises dans la bouche de leurs héros;* cette proposition se rapporte principalement à Euripide et aux poëtes qui composaient dans le même esprit : car certes, appliquée, par exemple, au Prométhée d'Eschyle, ç'eût été le reproche le plus mal fondé. Nous avons perdu une quantité de poëtes tragiques grecs, d'une excellence peut-être égale ou presque égale aux trois seuls dont quelques ouvrages nous soient parvenus : cependant dans ceux-ci nous pouvons clairement distinguer les époques principales de l'art tragique, depuis son origine jusqu'à sa chute. Le style d'Eschyle est grand, sévère et souvent dur; le style de Sophocle est d'une proportion et d'une harmonie parfaite; celui d'Euripide, enfin, est brillant, mais désordonné dans sa facilité surabondante : il tombe souvent dans le maniéré. Je ne parle pas ici de style dans le sens de la rhétorique; mais j'emploie ce terme de la même façon que l'on s'en sert dans les arts du dessin. Comme en Grèce aucune circonstance accidentelle n'a interrompu ni altéré le développement des beaux-arts, on y observe dans leur marche régulière les plus grandes analogies. Eschyle est le Phidias de l'art tragique, Sophocle en est le Polyclète; et cette époque de la sculpture où elle commençait à s'écarter de sa destination primitive et à donner dans le pittoresque, où elle s'attachait plus à saisir toutes les nuances du mouvement et de la vie, qu'à s'élever au beau idéal des formes, époque qui paraît avoir commencé par Lysippe, répond à la poésie d'Euripide. Dans celui-ci, les traits caractéristiques de la tragédie grecque sont déjà effacés en partie ; enfin, c'est le déclin et non pas la perfection. Euripide est un auteur fort inégal, soit dans ses différentes pièces, soit dans leurs diverses parties : tantôt il est d'une beauté ravissante ; d'autres fois il a pour ainsi dire une veine vulgaire. Je conviens cependant qu'Hippolyte est une de ses meilleures pièces parmi celles qui nous restent.

Le sujet des deux tragédies est l'amour incestueux de Phèdre pour son beau-fils Hippolyte, et la catastrophe que cet amour amène. Toute passion, quand elle est suffisamment forte et accompagnée de grandeur d'ame, peut devenir tragique ; nous connaissons une tragédie sublime, l'Ajax de Sophocle, dont l'unique mobile est la honte. Cependant, les poètes tragiques grecs des deux premières époques paraissent avoir exclu entièrement l'amour de leurs compositions, ou tout au plus l'y avoir introduit d'une manière subordonnée et épisodique. La raison en est claire : la tragédie étant principalement destinée à faire ressortir la dignité de la nature humaine, ne pouvait guères se servir de l'amour, parce qu'il tient aux sens que l'homme a en commun avec les animaux. L'antiquité, franche en tout, déguisait beaucoup moins cette partie de l'amour que les nations modernes, chez qui la galanterie chevaleresque et les mœurs du Nord en général ont introduit un culte plus respectueux pour les femmes, et chez qui l'enthousiasme du sentiment s'efforce, ou de subjuguer les sens, ou de les purifier par sa mystérieuse alliance. C'est pourquoi l'amour devenu romantique peut et doit jouer un beaucoup plus grand rôle dans nos compositions sérieuses et mélancoliques, que dans celles des anciens, où cette passion se montre avec des caractères purement naturels, tels que les produit le Midi. Mais quelque délicat que soit l'amour, tant qu'il est innocent et heureux, il ne fournit que le sujet d'une idylle. Pour s'élever à la hauteur tragique, il faut qu'il paraisse causé par une fatalité irrésistible , et par conséquent qu'il s'éloigne du cours ordinaire des choses, qu'il soit en lutte avec de grands obstacles physiques et moraux, et qu'il entraîne des suites funestes. Tout cela se trouve réuni dans la passion de Phèdre pour Hippolyte. Supposons un peuple chez lequel les lois permettraient à une belle-mère d'épouser son beau-fils: le sujet ne sera plus tragique. Dégageons cette préférence donnée à un jeune homme sur son père, préférence qui, dès qu'elle n'inspire point d'horreur, risque de devenir ridicule; dégageons-la encore davantage de toutes les répugnances de la nature et des liens du devoir; supposons un homme d'un certain âge qui fait la cour à une femme sans obtenir du retour, tandis que cette femme réussit tout aussi mal dans les avances qu'elle fait à son fils : et la situation sera tout-à-fait comique.

Il est donc de la plus haute importance, pour l'effet et la dignité de la tragédie, de marquer fortement combien la passion de Phèdre est criminelle, et de tenir l'horreur de l'inceste toujours présente à l'imagination du spectateur. La sévérité morale coïncide à cet égard avec le besoin poétique. Nous verrons tout à l'heure lequel des deux poëtes a le mieux su satisfaire à l'une et à l'autre.

La tragédie d'Euripide a pour titre *Hip-*

polyte (l'épithète de *stéphanéphore*, c'est-
à-dire porteur d'une couronne de fleurs, a
été ajoutée seulement pour la distinguer
d'une autre du même nom); et en effet
toute la composition tend à célébrer la vertu
de ce jeune héros, et à émouvoir sur son
malheureux sort, dont Phèdre n'est que
l'instrument. Elle a cessé de vivre vers le
milieu de la pièce, sans que pour cela l'intérêt se refroidisse le moins du monde; même
les scènes les plus pathétiques viennent après.
La pièce de Racine, au contraire, porte, dans
les premières éditions, le titre de *Phèdre et
Hippolyte :* ensuite on a omis entièrement ce
dernier nom, et avec raison; car Hippolyte,
ainsi que tout ce qui le concerne, est effacé et
pâli, tandis que le poëte a employé toute la
magie de son pinceau pour prêter à son héroïne des grâces et des qualités séduisantes,
malgré un égarement aussi monstrueux./

Dans Euripide, tout est traité par grandes
masses; point de ces incidens minutieux qui
éparpillent l'attention, et empêchent le spectateur d'apercevoir d'un coup d'œil tous les
rapports. L'ordonnance du rôle de Phèdre est
de la plus grande simplicité; elle n'a qu'une
seule entrée, et reste en scène jusqu'au moment

où elle se retire dans son palais pour se donner la mort. Elle ne parle point à Hippolyte,
qui ne lui adresse pas non plus la parole,
quoiqu'ils soient en présence ; elle ne voit
point Thésée, qui ne révient qu'après qu'elle
a péri ; sur-tout elle ne se mêle pas d'affaires
d'état. Tous ses aveux se passent entre elle, sa
nourrice, et, selon la coutume grecque, le
chœur composé de jeunes femmes trézé-
niennes. Cela est conforme à son état, et l'on
peut ajouter, tout-à-fait conforme à la sévère
pudeur. Phèdre doit fuir l'œil des hommes ;
ce n'est que dans l'ame compâtissante des
femmes que peut s'épancher son cœur blessé
à mort. Si après que son funeste secret lui est
échappé, sur-tout après qu'Hippolyte l'a su,
elle peut encore se relever pour agir avec
présence d'esprit, pour former des projets,
pour tramer des intrigues ; elle n'était donc
pas à l'extrémité quand elle a succombé, et
sa seule excuse lui est ôtée.

La Phèdre d'Euripide paraît d'abord mourante ; elle est portée sur un lit de repos,
entourée de ses femmes qui la soignent, pré-
cédée de sa nourrice, dont les plaintes sur
les maux de la vie humaine, inspirées par la
vieillesse, font un contraste touchant avec

les gémissemens de la jeunesse languissante ,
atteinte d'un mal auquel elle seule est exposée. Il est difficile de donner à ceux qui
ne connaissent pas le grec une idée de la
beauté de ce passage : il est écrit dans cette
mesure qui, dans les tragédies grecques, oc-
cupe la place intermédiaire entre le dialogue
et les morceaux lyriques, c'est-à-dire chantés.
Surtout quand Phèdre s'abandonne aux égaremens de son imagination, ce sont des accens
brisés qui , en même temps qu'ils respirent
la langueur et la volupté, font déjà pressentir
le frisson mortel qui doit bientôt glacer les
membres de la malheureuse victime. Sur les
instances du chœur, la nourrice fait les plus
grands efforts pour arracher à Phèdre l'aveu
de la cause secrète de sa maladie. Elle y
réussit par ses supplications pathétiques, et
s'en va désespérée et comme résolue à n'y
pas survivre. Phèdre reste seule avec le chœur
et lui parle pour sa justification. Son discours
est rempli de pudeur et de noblesse ; il ne
pèche que par le défaut ordinaire d'Euripide, de trop moraliser. La nourrice revient,
elle a changé d'avis ; elle emploie toutes les
consolations, toutes les excuses prises de la
fragilité humaine : mais Phèdre les repousse

constamment. Enfin, elle s'en va sous prétexte
qu'elle connaît des moyens magiques de guérir
la passion de sa maîtresse. Celle-ci lui enjoint
expressément de ne pas dire à Hippolyte un
mot de ses aveux. Après un chœur ravissant
sur la pernicieuse puissance de l'amour ,
Phèdre entend une altercation qui s'élève
dans l'intérieur du palais, entre Hippolyte
et sa nourrice. Elle devine tout de suite ce
que c'est, et se juge perdue. Peu après, Hippolyte, dans la plus haute indignation, arrive
suivi de la nourrice ; il passe auprès de Phèdre,
qui est toujours sur son lit de repos, sans lui
parler, sans paraître la remarquer ; il invoque
le ciel et la terre contre l'horreur de ce qu'il
a entendu ; il repousse la nourrice suppliante
qui lui rappelle le serment qu'il a fait de
garder le silence ; il se répand en invectives
amères contre les femmes en général ; il
part enfin pour quitter une demeure où il
ne peut rester sans se croire souillé à ses
propres yeux, et pour n'y revenir qu'avec
son père. Phèdre n'hésite pas un instant sur
le parti qu'elle doit prendre. Elle comble sa
nourrice de malédictions ; elle repousse ses
conseils quand celle-ci veut lui persuader que
son mal n'est pas sans remède : après avoir fait

jurer au chœur de ne la point trahir, elle
sort, en indiquant le projet qu'elle a formé
pour sauver son honneur et surtout l'honneur de ses enfans qui dépend du sien, et
pour se venger des dédains d'Hippolyte.

Dans la pièce de Racine, la première scène
où Phèdre paraît est prise en entier du grec;
elle n'en est, pour ainsi dire, qu'un extrait,
qu'un sommaire, qui, considéré seul, est encore très-beau, mais qui devient sec et maigre à
côté de l'original. Les plaintes de Phèdre, les
symptômes de sa langueur, les égaremens de
son imagination, sa répugnance à confier sa
passion, tout cela est beaucoup plus déve-
loppé dans Euripide. Racine lui est redevable
de ses vers les plus admirés, et même ses
changemens ne sont pas toujours heureux.
Dans ceux-ci :

Que ces vains ornemens, que ces voiles me pèsent!
Quelle importune main, en formant tous ces nœuds,
A pris soin sur mon front d'assembler mes cheveux ?

il suppose que Phèdre s'est parée, apparemment dans le dessein de rencontrer Hippolyte. La Phèdre grecque est trop malade
pour cela : elle demande uniquement qu'on

détache le lien de ses cheveux, parce que tout lui cause de la douleur. Ces vers :

> Dieux! que ne suis-je assise à l'ombre des forêts!
> Quand pourrai-je, au travers d'une noble poussière,
> Suivre de l'œil un char fuyant dans la carrière ?

sont l'abrégé de plusieurs strophes d'Euripide, où Phèdre désire, tantôt, puiser de l'eau à la source qui jaillit du rocher, tantôt, animer les montagnes sauvages par le tumulte de la chasse, tantôt, conduire de jeunes coursiers dans la carrière. Combien mal à propos le vers suivant a-t-il été conservé de l'original :

> Dans quels égaremens l'amour jeta ma mère!

L'habitude rendait les Grecs moins sensibles à ce que leur mythologie pouvait avoir de trop extravagant; et en général tout ce qui tient en quelque façon aux traditions religieuses ne blesse plus. Mais pour des spectateurs modernes, ou cette allusion est perdue, ou s'ils la comprennent, elle doit choquer excessivement. D'ailleurs, Racine tâche d'écarter le plus qu'il peut l'idée que la passion de Phèdre est incestueuse, et la comparaison avec les amours infâmes de Pasiphaé, la rapproche de tout ce qui est le plus contraire à la nature. /

La fausse nouvelle de la mort de Thésée, par laquelle Panope interrompt l'entretien de Phèdre et d'OEnone, est le principal incident que Racine ait inventé : c'est le pivot de son intrigue. Je montrerai dans la suite combien elle place Thésée désavantageusement, mais elle a aussi de graves inconvéniens pour les autres personnages. C'est une situation embarrassante que d'être bien aise de la mort de quelqu'un à qui on étoit lié de fort près, et que l'on devrait regretter selon la morale établie et l'opinion générale : on ne peut guère échapper au reproche, ou de la dureté, ou de l'hypocrisie. Un homme qui est au comble de la joie d'avoir hérité d'un riche parent, et qui affecte de s'affliger de sa mort, présente une situation fort comique. A la vérité, le deuil que Phèdre porte pour son époux n'est pas long ; il se renferme dans ce seul mot, *Ciel !* OEnone lui développe tout de suite impudemment combien cet accident est heureux pour son union avec Hippolyte :

Vivez : vous n'avez plus de reproche à vous faire.

Je pense pourtant que toutes les ames bien

nées sentent des remords, quand une personne à qui elles étaient attachées par des liens sacrés et envers laquelle elles ont eu des torts, vient à mourir, parce qu'alors ces torts sont irréparables.

Votre flamme devient une flamme ordinaire.

Une flamme ordinaire ! Tant mieux pour Phèdre si c'était vrai, et mille fois tant pis pour le poëte. Mais je ne sais pas où OEnone a pris sa logique:

Thésée, en expirant, vient de rompre les nœuds
Qui faisaient tout le crime et l'horreur de vos feux.

Si c'était un inceste auparavant, c'en est certainement encore un; si ce n'était point un inceste, ce n'était donc qu'une passion vulgairement vicieuse, qui ne méritait pas d'être annoncée comme l'effet du courroux céleste, ni surtout de faire le sujet d'une tragédie. Quoi qu'il en soit, Phèdre écoute les propos d'OEnone avec complaisance, elle consent à parler à Hippolyte, prenant son fils pour prétexte, mais avec des pensées bien plus coupables.

On admire beaucoup la seconde scène où

Phèdre paraît, celle de la déclaration : sans doute les discours de l'héroïne sont très-éloquens, mais cela ne doit pas aveugler sur leur inconvenance, et sur le manque absolu de délicatesse qui y règne. Une femme qui pense à se remarier au moment où son mari vient de mourir, est jugée peu délicate; une femme qui déclare la première son amour à un jeune homme, se place dans une attitude peu convenable à son sexe : mais que dira-t-on d'une femme qui, ayant eu pour époux un héros presque divin, à peine instruite de sa mort, court séduire son fils vertueux, repousse les espérances que nourrit celui-ci que son père pourrait vivre encore, dégrade vis-à-vis de lui sa mémoire glorieuse (*), et prétend continuer seulement la tendresse conjugale, parce que le fils ressemble au père, tandis que l'ombre de cet époux, qu'elle a voulu outrager par l'adultère et l'inceste, devrait la persécuter comme une furie (**)? Qu'importe qu'elle prenne d'abord pour prétexte un soin inquiet du sort de son fils, qu'elle sache inventer des tournures ingénieuses et même

---

(*) M. de Laharpe nomme cela un *tour adroit.*

(**) *L'épouse du mort déclare son amour au fils du mort.* Expression frappante de l'abbé Batteux.

touchantes, pour exprimer ses sentimens d'une manière très-pure en apparence et qui lui ménage une retraite en cas de refus! Parce qu'elle a de la grace, de l'éloquence et de l'habileté, en est-elle moins effrontée ? Pense-t-on excuser tout cela par l'excès de sa passion ? Mais la passion, fût-elle montée jusqu'à la frénésie, doit encore porter l'empreinte d'une ame originairement noble, pour laquelle certains procédés restent toujours impossibles, à moins qu'on ne veuille nous présenter une image dégradée de l'humanité ; ce qui certainement n'était point l'intention du poëte, puisqu'il tâche de rendre Phèdre aussi séduisante qu'il le peut. Si la poésie est l'art de farder le vice, je conviens que cette scène mérite de grands éloges, car la plupart des lecteurs ne reconnaîtront pas, sous la politesse des formes et l'élégance des vers, ce qui, sans ce déguisement, les aurait choqués au plus haut point.

Sans doute les caractères passionnés ont de grands priviléges dans la poésie, et le vif intérêt qu'ils inspirent est même, à quelques égards, un sentiment moral. Le délire de la passion ressemble à l'exaltation de la vertu, en ce qu'il rend incapable des calculs d'intérêt personnel, qu'il fait braver tous les dangers et sacrifier tous les avantages. On pardonne à l'être égaré par la passion de causer les malheurs d'autrui, pourvu qu'il ne se ménage pas lui-même : c'est donc plutôt le moment que choisit Phèdre, la présence d'esprit qu'elle montre, la précaution qu'elle emploie pour ne pas se compromettre, enfin ce n'est pas le trop, mais le trop peu de passion, que je blâme dans la première partie de sa déclaration. Elle touche vraiment lorsque dans son dernier discours elle abandonne tout artifice.

> Ah cruel! tu m'as trop entendue!
> Je t'en ai dit assez pour te tirer d'erreur.
> Hé bien! connais donc Phèdre et toute sa fureur :
> J'aime, etc.

Car alors elle se perd irrévocablement pour exhaler enfin cet amour, qu'elle n'est plus la maîtresse de contenir, et qui la remplit toute entière comme une ame nouvelle qui aurait subjugué la sienne.

Je ne m'arrête pas aux détails de cette scène : je ne ferai qu'une observation sur les vers suivans, qui passent pour être d'une beauté extraordinaire :

On ne voit point deux fois le rivage des morts,
Seigneur : puisque Thésée a vu les sombres bords,
En vain vous espérez qu'un Dieu vous le renvoie;
Et l'avare Achéron ne lâche point sa proie.

Toute cette pompe est prodiguée sur une tautologie, car ces vers ne disent autre chose, sinon : Si Thésée est mort, il ne vit plus. C'est à Hippolyte que des vaisseaux ont apporté la nouvelle de la mort de son père, Phèdre n'en a eu depuis aucune confirmation. Sans doute, si Thésée a péri, il ne reviendra point; mais il s'agit justement de savoir si ce rapport est fondé. On voit bien que c'est l'extrême envie que Phèdre a de savoir son époux mort, et d'en convaincre son beau-fils, qui lui fait tenir ce propos vide de sens. Ensuite le poëte, par l'emploi des phrases mythologiques, s'est engagé dans une étrange inconséquence.

On ne voit point deux fois le rivage des morts.

Cependant Hercule l'avait vu de son vivant, et Thésée avait imité en cela son frère d'armes. Phèdre dit elle-même l'instant d'après :

Je l'aime, non point tel que l'ont vu les enfers,
Volage adorateur de mille objets divers,
Qui va du Dieu des morts déshonorer la couche.

Il est donc prouvé par l'exemple de Thésée
même qu'on peut voir deux fois le rivage des
morts, et que l'avare Achéron lâche sa proie.
Faut-il dire encore que le désir de croire son
époux mort fait oublier à Phèdre qu'il est re-
venu déjà une fois du séjour des ombres, et
qu'ensuite le désir de le déprécier lui fait
oublier qu'elle réfute son assertion précédente?

La Phèdre de Racine ne se rebute pas au
premier mauvais accueil ; elle revient à la
charge. Nous la voyons au commencement du
troisième acte qui envoie OEnone vers Hippolyte, et qui lui recommande surtout de le
tenter par l'appât de la couronne d'Athènes.
Avec une passion purement sensuelle, on peut
être indifférent sur le choix des moyens qui
procurent la possession de l'objet aimé ; mais
Phèdre a montré de l'enthousiasme pour le
caractère d'Hippolyte : elle ne devrait donc
être satisfaite que d'un véritable retour de
sentiment. En outre, elle est peu tendre envers son fils, pour lequel elle affecte tant de
soin, en lui donnant non seulement son frère
pour beau-père, pour tuteur et pour régent,
mais en voulant investir Hippolyte de la dignité royale. Une ame délicate aimera mieux

paraître blâmable qu'être hypocrite, en employant comme prétexte un sentiment qui lui devrait être sacré. OEnone revient et annonce le retour de Thésée. Les premiers discours de Phèdre ont assez de dignité, aussi sont-ils tirés en grande partie d'Euripide, et ce qu'elle dit sur l'honneur de ses enfans en est presque traduit. Seulement au lieu des vers suivans :

Mourons. De tant d'horreurs qu'un trépas me délivre.
Est-ce un malheur si grand que de cesser de vivre?
La mort aux malheureux ne cause point d'effroi.

Le premier mot seul aurait mieux valu. Tout le reste est de trop. En s'exhortant au suicide par ces réflexions générales, Phèdre trahit une faible résolution de l'exécuter. Ensuite, lorsqu'OEnone, pour engager Phèdre à accuser Hippolyte la première, lui demande :

De quel œil voyez-vous ce prince audacieux?

Phèdre répond :

Je le vois comme un monstre effroyable à mes yeux.

Elle avait exprimé le moment auparavant la tendresse la plus humble et la plus abandonnée, elle disait à OEnone :

Presse, pleure, gémis, peins-lui Phèdre mourante ;
Ne rougis point de prendre une voix suppliante,
Je t'avoûrai de tout.

Qu'est-ce qu'Hippolyte a fait depuis pour mériter cette haine? Est-ce sa faute si Thésée vit encore? Il est vrai, il y a une possibilité qu'il soit indiscret, mais il n'en a donné aucun signe; au contraire, il a montré une grande réserve dans la scène de la déclaration. Il faudra donc dire qu'elle abhorre Hippolyte, parce que dans ce moment elle le considère comme l'auteur de sa passion, dont l'horreur la frappe beaucoup plus depuis qu'elle sait que Thésée est en vie et de retour. Toutefois, cette rétractation non motivée de ses sentimens fait soupçonner que la peur exerce un prodigieux empire sur l'ame de Phèdre. Il y aurait eu plus de noblesse à répondre : Je ne l'adore pas moins, quoiqu'il ait le pouvoir de me plonger dans la honte et dans le désespoir. ∠ Ne doit-on pas croire que Phèdre a résisté pendant quelque temps à sa passion, comme dangereuse et non pas comme criminelle, et qu'elle s'y est livrée aussitôt que par la mort de Thésée elle croyait pouvoir le faire en pleine sécurité? Racine lui-même, qui devait savoir lire dans l'ame de son héroïne, convient dans la préface « qu'elle n'aurait jamais osé faire une « déclaration d'amour, tant qu'elle aurait

« cru que son mari était vivant. » Le discours qu'elle adresse à celui-ci à son arrivée :

> Arrêtez, Thésée,
> Et ne profanez point des transports si charmans :
> Je ne mérite plus ces doux empressemens ;
> Vous êtes offensé. La Fortune jalouse
> N'a pas en votre absence épargné votre épouse.
> Indigne de vous plaire et de vous approcher,
> Je ne dois désormais songer qu'à me cacher.

ce discours artificieusement ambigu, par lequel Phèdre paraît s'accuser elle-même, tandis qu'elle prépare les calomnies d'OEnone contre Hippolyte, la fait connaître comme une femme intrigante qui transige avec la conscience de son déshonneur.

La scène de la jalousie est généralement considérée comme le triomphe du rôle de Phèdre. Cette scène fait certainement éprouver une grande émotion : en voyant une personne exposée à des souffrances aussi cruelles que celles qui mettent Phèdre hors d'elle-même, on oublie tout ce qui peut avoir inspiré de l'aversion contre elle. L'exécution des détails est brillante ; les plaintes égarées de l'héroïne sont pleines de verve et d'une éloquence vraiment poétique. Mais n'oublions pas à quel prix tout cela est acheté. Il fallait introduire le fade personnage d'Aricie ; il fallait surtout rendre Hippolyte amoureux, ce qui dénature son caractère et le range dans la classe nombreuse des héros soupirans et galans de la tragédie française. Parmi les plus beaux vers, il s'en est glissé un qui est inconvenant. Phèdre dit d'Hippolyte et d'Aricie :

Dans le fond des forêts allaient-ils se cacher ?

Racine, qui nous fait trop souvent ressouvenir de la cour de France, a-t-il voulu donner dans ce passage un échantillon du costume grec ? Ne savait-il pas combien les femmes grecques vivaient retirées, qu'elles ne quittaient guère leurs appartemens sans être voilées et accompagnées ? Et une jeune fille, une princesse, la vertueuse Aricie, aurait donné rendez-vous à son amant dans des lieux écartés des habitations humaines !

La mort de Phèdre est tardive, sans aucun mérite de courage, sans aucune dignité ; c'est un spectacle pénible par les traitemens humilians qu'elle éprouve. Dès le premier acte, elle assure qu'elle veut se laisser mourir ; mais elle revit à la nouvelle de la mort de son mari. Au second acte, elle tire l'épée d'Hippolyte pour se percer le sein, mais ce n'est qu'une démonstration théâtrale. Au troisième, elle dit à OEnone : *Mourons !* et elle n'en fait rien. Elle revient, au quatrième, demander grâce pour Hippolyte ; elle s'en désiste en apprenant qu'il aime Aricie, et, après avoir exhalé ses fureurs jalouses, elle dit à OEnone :

Va, laisse-moi le soin de mon sort déplorable.

Là-dessus elle prend en effet du poison, mais ce poison est d'une telle lenteur qu'on n'entend parler de son effet qu'à la fin du cinquième acte. Si la nécessité tragique exige que l'on peigne des caractères criminels en les rendant d'une certaine façon intéressans, qu'ils soient au moins d'une trempe forte, qu'une faiblesse et une vacillation continuelle ne les mettent pas au-dessous des situations où leurs propres passions effrénées les ont engagés. Qu'y a-t-il de pis que d'être audacieux pour le crime et pusillanime pour ses suites ? C'est bien au repentir de Phèdre que l'on peut appliquer ce vers de Dryden :

Repentance is the virtue of weak souls.

Le repentir est la vertu des ames faibles.

Irrésolue entre la vengeance et la justice, elle se décide toujours mal à propos. Elle n'a pas le courage d'accuser Hippolyte directement ; mais elle laisse faire OEnone. Lorsque Thésée est irrité au point de ne vouloir rien entendre, elle sent des remords et va lui parler en faveur de son fils ; cependant assez faiblement. A peine Thésée a-t-il dit un mot de l'amour d'Hippolyte pour Aricie, qu'elle ne respire plus que la vengeance. Enfin, après avoir pris le poison, elle retourne encore une fois au repentir, sans aucun nouveau motif quelconque ; quand il est trop tard pour sauver Hippolyte, elle vient perdre sa renommée et celle de ses enfans, pour laquelle elle prétendait en partie avoir consenti à la trame ourdie contre lui.

La Phèdre d'Euripide, avant de se tuer, écrit une lettre dans laquelle elle accuse Hippolyte de l'avoir déshonorée par la force. Il fallait bien qu'elle poussât son accusation jusque-là : si l'attentat avait été prévenu, elle n'aurait plus eu de motif pour le suicide. Elle n'en croit pas moins son honneur sauvé, parce que l'essence de l'honneur réside dans une volonté qui n'a jamais été souillée. Racine s'applaudit d'avoir borné l'accusation contre Hip-

polyte à un dessein criminel. « J'ai voulu,
» dit-il, épargner à Thésée une confusion qui
» l'aurait pu rendre moins agréable aux spec-
» tateurs. » Je ne sais pas si l'erreur de Thésée,
quand il croit sa femme déshonorée, aurait pu
nuire à sa dignité aux yeux des spectateurs
français. Mais le cas est bien différent dans les
deux tragédies. Chez Euripide, on n'apprend
la fausse accusation que lorsque Phèdre est
déjà morte ; la lettre qui la contient est trou-
vée attachée à sa main, et devient fatale à
Hippolyte. Voilà sans doute une action atroce :
mais avant que le spectateur l'apprenne, la
femme coupable a déjà fait justice d'elle-
même. Son motif principal est de sauver son
propre honneur et celui de ses enfans; et elle
a le caractère assez énergique pour vouloir
les moyens en voulant le but. Aussi les dédains d'Hippolyte envers sa belle-mère sont-
ils infiniment plus forts que dans Racine, où
tout se passe en politesses entre ces personnes
royales. L'Hippolyte d'Euripide témoigne une
indignation sans bornes en présence de
Phèdre; il la traite comme la dernière des
créatures. La résolution de Phèdre de se
donner la mort, est rapide comme l'éclair;
on peut supposer que s'il y avait eu plus d'in-

tervalle jusqu'à l'exécution, la première effer-
vescence du ressentiment se serait calmée,
et qu'elle aurait reculé devant sa funeste calomnie. Toutefois son action nous donne
plutôt la mesure de son désespoir, que de
ce qu'elle aurait été capable de faire dans un
état moins violent.

C'est cependant d'après ce trait de la Phèdre
grecque, que Racine, malgré tout ce que je
viens de développer, se flatte d'avoir rendu
la sienne moins odieuse. Il dit dans la préface :
« J'ai même pris soin de la rendre un peu
» moins odieuse qu'elle n'est dans les tragé-
» dies des anciens, où elle se résout d'elle-
» même à accuser Hippolyte. J'ai cru que la
» calomnie avait quelque chose de trop bas
» et de trop noir pour la mettre dans la bouche
» d'une princesse qui a d'ailleurs des senti-
» mens si nobles et si vertueux. Cette bas-
» sesse m'a paru plus convenable à une
» nourrice qui pouvait avoir des inclinations
» serviles, et qui néanmoins n'entreprend
» cette fausse accusation que pour sauver la
» vie et l'honneur de sa maîtresse. Phèdre n'y
» donne les mains que parce qu'elle est dans
» une agitation d'esprit qui la met hors d'elle-
» même ; et elle vient un moment après dans

» le dessein de justifier l'innocence et de dé-
» clarer la vérité %. Je ne m'arrête pas à cette
manière de courtisan de rejeter les bassesses
dont on peut avoir besoin dans une tragédie, sur les personnages d'un rang inférieur:
mais Racine avait-il donc oublié cette maxime
triviale du droit et de la morale, que chacun
est censé avoir fait lui-même ce qu'il a fait
faire par un autre? et Phèdre ne dit-elle pas
clairement à OEnone :

Fais ce que tu voudras, je m'abandonne à toi.

Il est vrai que la première proposition d'accuser Hippolyte vient de sa confidente ; mais
toute la résistance de Phèdre se borne à ce
vers :

Moi, que j'ose opprimer et noircir l'innocence !

qui ne se rapporte qu'à sa répugnance pour
prendre elle-même la parole dans cette accusation. De plus, ne compte-t-on pour rien le
discours avec lequel elle reçoit Thésée, ce
discours d'autant plus révoltant qu'il décèle
plus de présence d'esprit ? Si la Phèdre de
Racine agit moins directement que celle d'Euripide, ce qu'elle fait doit être tout autrement

apprécié, parce qu'elle est encore loin du
dernier terme du désespoir. Ce qu'il y a
de pis, c'est que dans ce procédé elle est
visiblement inspirée par la peur, tandis que
la Phèdre grecque n'a plus rien à craindre.
Celle-ci entraîne Hippolyte dans l'abîme où
elle s'est jetée la première.

Un autre trait fort odieux de la Phèdre de
Racine, c'est sa conduite envers sa confidente. Le caractère d'OEnone, pour le dire
en passant, est dessiné de façon à n'y rien
reconnaître ; il n'a aucune cohérence. Elle
entend avec horreur le premier aveu de sa
maîtresse. L'instant d'après, sur la nouvelle
de la mort de Thésée, rien ne lui paraît
plus facile et plus simple que l'union de
Phèdre avec son beau-fils. Après la déclaration, elle donne les conseils les plus salu-
taires à Phèdre, elle l'exhorte à retourner à
la vertu ; et tout de suite ayant appris le retour de Thésée, elle s'offre d'elle-même pour
accuser Hippolyte, tout en disant qu'elle en
sent quelques remords. Enfin, dans la scène
de la jalousie, lorsqu'il y a vraiment un en-
tassement d'impossibilités qui s'opposeraient
aux désirs de Phèdre si elle les nourrissait
encore, l'amour d'Hippolyte pour Aricie, sa

première répugnance pour sa belle-mère, ac-
crue par son ressentiment d'une accusation
mensongère, la présence de Thésée, et sa
surveillance excitée par le désordre qu'il a
trouvé dans sa famille : alors , dans cette
situation désespérée, OEnone conseille à sa
maîtresse de ne point se gêner dans ses sentimens, et de considérer son amour comme
une faiblesse humaine très - excusable , et
même autorisée par l'exemple des Dieux.
Après ce discours, qui est extrait d'Euripide
mais étrangement déplacé, et qui doit plutôt
paraître absurde que dangereux, Phèdre ac-
cable OEnone des reproches les plus violens,
et ces reproches ne sont qu'à demi-mérités.
Chère OEnone, a-t-elle dit au commencement de la scène; et à présent, sans que
rien se soit passé depuis, elle l'appelle un
monstre exécrable. La nourrice , dans la
pièce grecque, a des torts bien plus graves ;
toutes les paroles de séduction sont venues
d'elle, elle a parlé à Hippolyte sans le consentement de sa maîtresse : cependant celle-ci
ne se sert pas d'un terme aussi dur. « Puisses-tu
« périr, dit-elle, ainsi que tous ceux qui s'em-
« pressent de servir malhonnêtement leurs
« amis malgré eux! » Et ensuite : « Cesse de

« parler, car auparavant aussi tu ne m'as pas
« bien conseillée et tu as entrepris le mal :
« mais va-t-en loin de mes regards, et prends
« soin de toi-même; pour moi, je saurai dis-
« poser honorablement de mon sort ». Combien cela est plus modéré et plus noble que
toutes les invectives de la Phèdre française!
Cependant, on peut encore excuser celle-ci
dans la scène de la jalousie, parce qu'elle est
dans la fureur du désespoir. Ce qui la con-
damne entièrement, c'est la manière dont
elle rejette, dans sa dernière confession, sa
faute sur sa confidente. OEnone s'est déjà
donné la mort. Il est lâche d'accuser une
personne qui ne peut plus se défendre.

La détestable OEnone a conduit tout le reste.

Cela n'est pas vrai, puisque Phèdre a déclaré
elle-même sa passion.

Elle a craint qu'Hippolyte, instruit de ma fureur,
Ne découvrît un feu qui lui faisait horreur.
La perfide, abusant de ma faiblesse extrême,
S'est hâtée à vos yeux de l'accuser lui-même.

En cela Phèdre était au moins sa complice.

Elle s'en est punie, et, fuyant mon courroux,
A cherché dans les flots un supplice trop doux.

Un supplice trop doux! Quelle atrocité de parler ainsi d'une personne qui a soigné son enfance et qui lui a été fidèlement dévouée toute sa vie! Si OEnone s'est rendue criminelle, elle ne l'a fait que par attachement pour sa maîtresse, ce qui est un sentiment bien autrement désintéressé qu'un amour incestueux. /

Passons à Hippolyte. La critique qu'on a le plus souvent répétée contre la pièce française, porte sur l'altération de ce caractère. Je me tiens pour assuré que Racine ne s'est fait aucun scrupule à cet égard. Il suppose dans la préface, comme une chose claire par elle-même, que c'est le caractère de Phèdre qui a fait le succès de la pièce d'Euripide. Ignorait-il que la beauté idéale du héros dont la tragédie porte le nom, et sa touchante destinée, en forment l'objet principal, et que Phèdre n'est pour ainsi dire que comme le mal nécessaire dans cette composition? La muse de Racine était la galanterie; il n'a écrit la plupart de ses tragédies que pour y peindre des femmes aimables et surtout des femmes tendres, et les impressions qu'elles font sur le cœur des hommes Qu'avait-il à faire d'un jeune héros qui n'est pas amoureux, qui ne se soucie pas des femmes, qui repousse les avances de sa belle-mère, uniquement par sévérité de mœurs, et non pas parce qu'un autre sentiment l'oc-cupe? Racine suivit donc à cet égard la maxime que son rival Pradon énonce si naïvement dans l'épître dédicatoire de sa Phèdre à la duchesse de Bouillon. « Ne vous étonnez pas, « madame, dit-il, si Hippolyte vous paraît « dépouillé de cette fierté farouche et de « cette insensibilité qui lui était si naturelle; « mais en aurait-il pu conserver auprès des « charmes de Votre Altesse? Enfin, si les an-« ciens nous l'ont dépeint comme il était à « Trézène, du moins il paraîtra comme il a « dû être à Paris; et, n'en déplaise à toute l'an-« tiquité, ce jeune héros aurait eu mauvaise « grâce de venir tout hérissé des épines du « grec dans une cour aussi galante que la « nôtre. » Cela veut dire : Il faut travestir les héros de la poésie ancienne, parce qu'ils sont trop rustres pour qu'on puisse les présenter tels qu'ils sont dans un siècle si délicat et si raf-finé. Lorsqu'en lisant la Phèdre de Pradon l'on se rappelle quel prodigieux succès cette pièce ridiculement plate a eu de son temps, de pré-férence à la Phèdre de Racine, succès trop long-temps soutenu pour avoir été l'ouvrage d'une cabale, l'on ne saurait douter que ce qui a nui à Racine auprès de ses contemporains n'ait été d'avoir encore trop conservé de la simplicité et de la hardiesse antiques. Pradon, ayant réussi à réduire à une petite intrigue de boudoirs ce sujet dont la force et l'étrange nature se refusent aux raffinemens maniérés, remporta la pluralité des suffrages, dans ce siècle tant vanté pour la pureté de son goût et la grandeur de ses pensées.

Quoique d'une toute autre manière, Racine nous donne cependant aussi, à la place du véritable Hippolyte, un prince fort bien élevé, fort poli, observant toutes les convenances, rempli de sentimens honnêtes, respectueusement amoureux, mais du reste insignifiant, sans élan et sans originalité. A la vérité, il fait parler Hippolyte, et les autres personnages, de sa rudesse, de son humeur farouche, de son éducation dans les forêts, de son goût exclusif pour la chasse et les exercices guerriers; mais ce sont des discours qui ne tirent pas à conséquence, et qui sont démentis par sa conduite réelle. Ses manières et même ses sentimens ne le distinguent en rien des autres princes galans de Racine.

Ce n'est pas tout. Dans la poésie tout est relatif; une partie de la composition relève ou déprime l'autre. La règle des contrastes est bien connue; elle s'applique à tous les beaux arts. Le poëte français, en dénaturant et émoussant le caractère d'Hippolyte, a détruit le beau contraste qui existait entre lui et Phèdre. Pour mettre en plein jour les égaremens d'une passion voluptueuse et criminelle, il fallait leur opposer le calme imperturbable et l'austère pureté d'une ame virginale. L'on ne fait pas grande preuve de vertu en résistant aux séductions d'une femme, quand on en aime une autre. L'Hippolyte de Racine n'est pas seulement amoureux, mais il l'est aussi, comme la reine, en opposition avec des devoirs qu'il respecte, puisqu'il sait qu'il n'obtiendra pas le consentement de son père. La passion d'Hippolyte, quoique fort innocente en soi, n'est pas moins que celle de Phèdre délivrée d'une grande contrainte par la mort supposée de Thésée : ils profitent tous les deux de cette nouvelle, Phèdre pour déclarer son amour à Hippolyte, et Hippolyte pour déclarer le sien à Aricie. Il n'y manque autre chose, sinon que le grave Thésée soit aussi de son côté engagé dans un amour illicite, et il y échappe à peine. Théramène l'en soupçonne : mais pour cette fois-ci il a aidé seulement son ami à enlever une femme. Ces doublures, ces répétitions affaiblies, causent une fatigante monotonie: c'est le moyen de décolorer les objets les uns par les autres, et de ne laisser rien de saillant. Il est vrai que l'intérêt n'est pas divisé, parce que la passion de Phèdre par sa violence l'emporte de beaucoup sur les sentimens mutuels d'Hippolyte et d'Aricie, mais en revanche ceux-ci sont réduits à une fadeur complète.

Quant à l'Hippolyte d'Euripide, il a une teinte si divine que, pour le sentir dignement, il faut pour ainsi dire être initié dans les mystères de la beauté, avoir respiré l'air de la Grèce. Rappelez-vous ce que l'antiquité nous a transmis de plus accompli parmi les images d'une jeunesse héroïque: les Dioscures de Monte-Cavallo, le Méléagre et l'Apollon du Vatican. Le caractère d'Hippolyte occupe dans la poésie à peu près la même place que ces statues dans la sculpture. Winckelmann dit qu'à l'aspect de ces êtres sublimes, *notre ame prend elle-même une diposition surnaturelle, que notre poitrine se dilate,* qu'une partie de leur existence si forte et si harmonieuse paraît passer dans nous. J'éprouve

quelque chose de pareil en contemplant
Hippolyte tel qu'Euripide l'a peint. On peut
remarquer dans plusieurs beautés idéales de
l'antique, que les anciens voulant créer une
image perfectionnée de la nature humaine,
ont fondu des nuances du caractère d'un
sexe avec celui de l'autre : que Junon, Pallas,
Diane, ont une majesté, une sévérité mâle ;
qu'Apollon, Mercure, Bacchus, au contraire,
ont quelque chose de la grâce et de la douceur des femmes. De même nous voyons dans
la beauté héroïque et vierge d'Hippolyte
l'image de sa mère l'amazone et le reflet de
Diane dans un mortel.

Il paraît d'abord rayonnant de jeunesse et
de vigueur, jouissant en sécurité d'une vie
expansive et surabondante. Il revient de la
chasse avec ses nombreux compagnons qui,
à son exemple, entonnent un hymne à
Diane, la plus belle des vierges qui habitent
l'Olympe. Il s'approche ensuite de la statue
de la déesse, pour lui offrir une couronne
tressée, par ses propres mains, de fleurs choi-
sies dans une prairie sacrée, que jamais le
fer ni les troupeaux n'ont osé violer, et où
il n'est permis d'en cueillir qu'à des êtres
purs, c'est-à-dire vertueux par penchant. «Ac-

« cepte, dit-il, ô maîtresse souveraine , ce
« lien pour tes cheveux dorés, qu'une main
« pieuse te présente. A moi seul parmi les
« mortels il est accordé d'être ton compa-
« gnon, et de jouir de nos entretiens mu-
« tuels ; car j'entends ta voix, quoique mon
« œil ne te voie pas. Puissé-je terminer ma
« vie comme je l'ai commencée! » Il est si
heureux qu'il n'a point d'autre souhait à
former que celui-là. C'est un contraste fort
bien entendu avec la terrible catastrophe
qui le menace. L'Hippolyte de Racine , au
contraire, est abattu et embarrassé dès la première scène , n'osant pas s'abandonner à son
sentiment pour Aricie.

L'Hippolyte d'Euripide étant décrit comme
inaccessible aux attraits de l'amour, pourrait
être jugé dur et insensible, si le poëte n'avait
pas prévenu ce reproche en commençant par
peindre son intimité mystérieuse avec la
chaste déesse. C'est donc uniquement parce
qu'un enthousiasme plus pur et plus noble
remplit toute son ame, que les séductions
terrestres n'ont point de pouvoir sur lui. Un
fidèle serviteur l'exhorte à honorer également la statue de Vénus, qui est placée vis-
à-vis de celle de Diane. Il le refuse, dédaignant

une déesse dont le culte lui paraît contraire à
la vertu, et il rentre dans le palais sans la sa-
luer. Voilà la cause de son malheur, elle est
tout à fait conforme à la manière des anciens
de voir les choses humaines. Ils croyaient
qu'il n'y a rien de plus dangereux pour
l'homme que le trop de confiance en ses propres forces, l'insouciance et l'orgueil du bonheur. Leurs divinités n'étant que les puissances
personnifiées de la nature physique, intellec-
tuelle et morale, l'homme qui en osait négli-
ger une, qui ne s'avouait pas humblement
soumis à l'influence de toutes, méconnoissait
donc ses véritables rapports. Si les dons que
la déesse de l'amour offre aux mortels, et en
général à tous les êtres animés, ne touchaient
pas Hippolyte, il devait pourtant avoir de
l'indulgence pour ceux qui succombent à leur
attrait. S'il eût montré quelque pitié pour
l'état de Phèdre mourante, si, tout en la fuyant
et lui ôtant l'espérance de réussir, il l'eût ras-
surée sur la crainte de voir sa honte révélée,
peut-être n'aurait-elle pas été poussée par le
désespoir à l'accuser et le perdre. C'est ainsi
qu'on peut presque toujours réduire l'inter-
vention des Dieux à l'enchaînement des causes
naturelles; mais il ne faut recourir à cela que

pour justifier la fiction, et non pas pour la détruire.

Du reste, après le prologue de Vénus, cet appareil de la chasse, ces chants d'alégresse, cette offrande à Diane, ouvrent la scène d'une manière animée et magnifique, bien autrement que la froide conversation entre Hippolyte et Théramène. Je prévois l'objection qu'on va me faire que cela ressemble à une ouverture d'opéra. Si l'opéra ne se distinguait de la plupart des tragédies régulières qu'en nous faisant voir une quantité de choses qui sont seulement racontées dans celles-ci, il en serait très-fort à louer. Je ne citerai pas les vers si connus d'Horace, qui appuient cette opinion. Ce qui constitue les bases d'un sujet dramatique doit être surtout présenté bien clairement aux yeux des spectateurs ; et, puisque l'enthousiasme exclusif d'Hippolyte pour Diane, ses dédains pour Vénus et le ressentiment de la déesse, sont le mobile de tout ce qui arrive ; le poëte a montré une parfaite intelligence de son art, en commençant par faire ressortir ces diverses circonstances, et en plaçant en vue les deux puissances rivales qui se disputent la destinée du héros. C'est méconnaître toutes les règles de la proportion dramatique que de nous faire voir des effets dont les causes sont absentes, et connues seulement par des narrations qui font peu d'impression sur l'esprit des spectateurs. On se contente beaucoup plus volontiers du simple récit d'un événement que l'on a vu préparer devant ses yeux. Je crois pouvoir assurer que les poëtes grecs ont presque toujours agi d'après cette maxime. Au théâtre français, souvent les causes, aussi bien que leurs effets, ne sont mises qu'en récit.

J'ai déjà parlé de la seconde scène d'Hippolyte, celle où il revient après que la nourrice s'est fait médiatrice auprès de lui. Je ne doute pas qu'elle ne paraisse dure à la plupart des lecteurs modernes : car en effet Hippolyte n'y garde aucun ménagement pour Phèdre, qui est présente et dans un état qui pourrait inspirer de la pitié. L'art des réticences et des déguisemens dont nous avons tant besoin pour cacher à nos propres yeux combien la corruption universelle est hideuse, était beaucoup moins cultivé dans la vie sociale des Grecs. Leur commerce était franc; il n'y avait point entre eux cette barrière du cérémonial et de la gêne mutuelle qui cachent l'homme à l'homme. Ensuite Euripide a voulu

peindre une grande élasticité morale qui repousse le vice avec une violence tout-à-fait
involontaire. Hippolyte et sa belle-mère dans
la pièce de Racine sont sur le pied de l'étiquette ;
ils se font des visites de devoir: de là on ne passe
pas si facilement à se laisser aller aux impressions naturelles ; par conséquent, Hippolyte,
quand il s'aperçoit de la passion dénaturée
de Phèdre, répond avec politesse et retenue.
Mais la manière dont l'instant d'après il maî-
trise ses impressions lorsqu'il se trouve seul
avec son ami intime Théramène, convient plus
à l'âge mûr d'un homme du monde qu'à la
jeunesse fougueuse d'un héros. Dans la scène
d'Euripide dont je parle, se trouve ce vers
fameux : *Ma langue a fait le serment, mais
non pas mon ame* ; vers dont Aristophane a
tant raillé le poëte, et dans lequel, en effet, la
restriction mentale des casuistes paraît antici-
pée. Mais j'observe qu'il est facile de donner
une interprétation odieuse à un passage, en le
prenant isolément. Certes, Euripide, dans
cette tragédie, n'a rien voulu insinuer contre
l'autorité du serment, puisque Hippolyte périt
plutôt que de trahir le sien. Il a voulu montrer
son héros tellement pénétré d'horreur pour
ce qu'il vient d'entendre, que dans le pro-

mier instant le serment même qu'il a prêté
de garder le silence, ne lui paraît plus obli-
gatoire. A la fin de la scène, il s'est déjà
calmé, il dit à la nourrice : » Sache, ô femme,
« que ma piété seule te sauve; car si je n'étais
« pas enchaîné par des sermens sacrés, rien
« ne m'aurait empêché de découvrir ceci à
« mon père. »

Hippolyte dans Euripide ne paraît devant
son père qu'après l'accusation, ce qui rend leur
entrevue beaucoup plus frappante. Dans Racine, au contraire, il entre avec Thésée au troisième acte, et reste auprès de lui après le départ
de la reine. Il débute par des paroles de mauvais augure pour sa défense, en s'appelant *le
tremblant Hippolyte*. Pourquoi trembler avec
le sentiment de son innocence, n'étant encore
accusé de rien et ne devant pas craindre de
l'être? Son amour pour Aricie, désapprouvé
par son père, pourrait seul en être le motif;
mais dans le moment où il se donne cette
humble épithète, il n'y pense pas, car il demande seulement à être éloigné de Phèdre.
La scène de Racine qui répond à la scène
grecque où Thésée bannit son fils, et qui peut
être comparée à celle-ci dans ses détails, c'est-
à-dire la seconde du quatrième acte, paraît

bien faible auprès de l'original, surtout si l'on en retranche plusieurs vers extraits ou traduits d'Euripide. Ce n'est pas que le poëte français n'ait assez prodigué la rage et les injures. La véritable énergie est plus voisine de la douceur que l'emportement sans force. Dans la poésie aussi bien que dans la sculpture des anciens, il règne encore, même dans les situations les plus violentes, une certaine modération qui provient de la magnanimité. Ces ames énergiques, a dit un grand connaisseur de l'antiquité, ressemblent à la mer, dont le fond reste toujours calme, quoique la surface soit agitée par des orages. Le Thésée de Racine dit à son fils, avant de l'avoir écouté:

Monstre qu'a trop long-temps épargné le tonnerre,
Reste impur des brigands dont j'ai purgé la terre!

Il menace de le tuer de ses propres mains, s'il ne craignait pas de se souiller; il adresse, en présence de son fils, à Neptune, sa malédiction rhétoriquement amplifiée. Le Thésée d'Euripide ne fait rien de tout cela, mais ses paroles sont empreintes d'un chagrin amer d'avoir été trompé par l'hypocrisie de son fils; il se borne au bannissement, et il n'en prononce la sentence qu'à la fin d'un discours dans lequel il

démasque la fausse vertu d'Hippolyte, et ex-
pose les preuves incontestables de son crime.
La malédiction a été prononcée dans le premier accès de colère, avant l'arrivée du fils. Ce
qui nuit surtout à la scène de Racine, c'est
qu'Hippolyte passe tout de suite de sa défense,
pleine de dignité et d'énergie en elle-même,
à l'aveu de son amour pour Aricie. Il ne devrait point avoir de pardon à demander à son
père, pour qu'on ne pût pas soupçonner que
c'est par ce motif, et non par respect filial,
qu'il supporte patiemment toutes les injures
dont il est accablé ; dans le moment surtout
où le sort du père et du fils se décide, il ne
devrait pas être question d'un intérêt aussi
subalterne.

Dans Euripide, Hippolyte, sur la nouvelle
de l'arrivée de son père et de la consternation que le suicide de Phèdre a répandue
dans la maison, accourt du lieu de sa retraite.
Il voit sa belle-mère morte ; Thésée gardant
le silence, il a le temps de lui adresser des paroles affectueuses sur ce malheur inattendu.
Les premières insinuations ténébreuses de son
père le troublent ; mais lorsqu'il a entendu son
accusation et la terrible sentence, reprenant
toute sa tranquillité, il répond par un discours

d'une éloquence admirable et rempli du courage de l'innocence. « Vois-tu ce ciel et » cette terre ? dit-il : ils ne contiennent point, » quoi que tu puisses dire, d'homme plus ver- » tueux que moi. » C'est-là où Racine a puisé l'idée de ce vers tant vanté :

Le jour n'est pas plus pur que le fond de mon cœur.

Ensuite, après avoir montré toute l'invrai-semblance de l'accusation, il finit par les ser-mens les plus solennels. Dans le reste de la scène, Hippolyte montre un mélange extrê-mement touchant d'une fierté inflexible et d'un attendrissement profond, pas autant sur son malheur que sur la persécution que subit l'innocence dans sa personne. D'abord il pa-raît vouloir irriter son père, il lui dit : « Mon » père, ta conduite m'étonne ; car si tu étais » le fils et que je fusse le père, je t'aurais tué » et non pas puni par l'exil, si tu avais osé at- » tenter à mon épouse. » Bientôt il revient à le prier de différer, pour que le temps éclaircisse le fait, et de consulter les devins. Tenté de re-pousser l'accusation sur la femme coupable, il s'écrie : « O Dieux ! n'ouvrirai-je donc pas la » bouche, quand vous me perdez, vous que je » révère ? Mais non : je n'obéirais pas aux lois

» consacrées; je romprais témérairement les
» sermens que j'ai faits. » Il invoque les témoins muets, les murs du palais; il s'adresse
à l'ombre de sa mère : il n'a pas honte de
pleurer d'être tant méconnu. Mais quand le
père ordonne à ses serviteurs de le chasser
de force, il déclare qu'ils ne s'approcheront
de lui qu'aux dépens de leur vie. Enfin il dit
un adieu pathétique à sa patrie, en invo-
quant sa déesse chérie, et en priant ses compagnons de le suivre jusqu'à la frontière dans
sa fuite douloureuse.

Les anciens avaient plus que nous un sentiment religieux de la vie. Ils s'arrêtaient à ses
époques décisives, soit heureuses, soit malheu-
reuses, en jetant un regard contemplatif sur
le passé et l'avenir; ils célébraient ces époques
avec une certaine solennité. De plus, ils ne
confondaient jamais l'héroïsme avec l'insensibilité; ils croyaient qu'à côté de la magnanimité, il restait encore assez d'espace pour la
douleur. Comment veut-on que l'injuste condamnation de l'Hippolyte de Racine touche
les spectateurs, puisqu'il n'en est pas ému lui-
même? La malédiction de son père devrait lui
faire dresser les cheveux sur la tête; il devrait
avant tout le conjurer de la rétracter : au lieu

de cela, il ne paraît y faire aucune attention ;
il répond avec assez de sang-froid sur l'accusa-
sation de Phèdre ; on dirait qu'il ne croit
guère en Neptune. La seule partie du dialogue où il y ait du mouvement est la sui-
vante :

HIPPOLYTE.

Quel temps à mon exil, quel lieu prescrivez-vous?

THÉSÉE.

Fusses-tu par-delà les colonnes d'Alcide,
Je me croirais encor trop voisin d'un perfide.

HIPPOLYTE.

Chargé du crime affreux dont vous me soupçonnez,
Quels amis me plaindront quand vous m'abandonnez?

THÉSÉE.

Va chercher des amis dont l'estime funeste
Honore l'adultère, applaudisse à l'inceste ;
Des traîtres, des ingrats, sans honneur et sans loi,
Dignes de protéger un méchant tel que toi.

Ces vers sont d'une rare beauté ; mais les idées
sont prises d'Euripide. Enfin, Hippolyte part
d'une manière tout-à-fait humiliante et désa-
vantageuse, sans repliquer un mot à la menace de Thésée de le faire chasser honteu-

sement, comme s'il avait peur qu'elle ne fût
exécutée.

Je conçois cependant pourquoi l'Hippolyte
moderne est si apathique sur la sentence de
son exil : c'est qu'il a un projet en tête, fondé
sur cet exil même. Il veut engager Aricie
à fuir avec lui et à l'épouser; il veut lui
susciter de puissans protecteurs chez l'étranger, et, qui sait? faire la guerre à son père
en faveur des prétentions d'Aricie au trône
d'Athènes. Le passage suivant peut à peine
s'expliquer autrement :

De puissans défenseurs prendront notre querelle ;
Argos nous tend les bras, et Sparte nous appelle :
A nos amis communs portons nos justes cris ;
Ne souffrons pas que Phèdre, assemblant nos débris,
Du trône paternel nous chasse l'un et l'autre,
Et promette à son fils ma dépouille et la vôtre.

Certes l'Hippolyte d'Euripide, quoique plus
réfractaire dans ses propos, n'aurait jamais
conçu une pensée pareille. Mais donnons à
ces mots l'interprétation la plus ménagée;
supposons que ce n'est qu'après la mort de
son père qu'Hippolyte veut réclamer l'héri-
tage d'Aricie et le sien : en tout cas, quand
même la scène entre lui et Thésée aurait pro-

duit quelque attendrissement, on est parfaitement tranquille sur Hippolyte, puisqu'il
a si bien pris son parti dans sa disgrâce.

L'occasion est belle, il la faut embrasser,

dit-il; en effet il est exilé, mais il ne sera plus
gêné dans son mariage. Dans Euripide, la terrible catastrophe est annoncée sans qu'on ait
revu Hippolyte depuis ses touchans adieux;
ce qui rend l'effet beaucoup plus frappant.

Le récit de Théramène peut être considéré
comme une traduction libre ou une imitation du grec. Le mérite principal du poëte moderne consiste dans la beauté des vers et de la
diction, et j'ai prévenu d'avance que je ne m'oc-
cuperais point de cette partie que je laisse aux
critiques français. J'observerai seulement que
les ornemens poétiques sont beaucoup plus
prodigués dans le morceau de Racine, que
dans l'original. Il y a une grande différence
entre une narration exacte, circonstanciée,
et par là même pittoresque, conçue dans un
style noble, mais simple, qui est supposé le
langage naturel des personnages tragiques, et
un récit pompeux surchargé d'exagérations
déclamatoires. Celui d'Euripide est du pre-

mier genre : il n'y a rien de trop. Tout tend
à faire voir comment est arrivé ce malheur
inévitable. D'ailleurs ce n'est qu'un simple
esclave qui fait son rapport à Thésée ; et celui-ci, croyant toujours son fils coupable, n'a
donné aucun signe de résipiscence à la première nouvelle. Le récit de Racine figurerait
bien dans un poëme épique ; mais il sort de
la ligne dramatique. Il est déplacé dans la
bouche de Théramène , que la perte de son
ami ne devait pas rendre si éloquent vis-à-
vis d'un père déjà attendri sur le sort de son
fils , et confus de l'avoir injustement con-
damné. La malheureuse Aricie vient encore
refroidir ce récit comme tout le reste/ Hippolyte, dans ses dernières paroles , est beaucoup plus occupé d'elle que de son père, et
du souhait que son innocence soit reconnue
par lui ; et un appendice de la narration
nous apprend qu'Aricie est tombée évanouie
sur le corps de son amant/ Voilà bien de
quoi s'attendrir au moment où l'on est pénétré des funestes et irrévocables destinées ,
de l'innocence et de la vertu ! Le poëte, il est
vrai, ne pouvait pas éviter de faire mention
d'Aricie dans cette circonstance , mais c'est
une nouvelle preuve de l'inconvénient qu'il

y avait à placer ce faible rôle entre des in-
térêts supérieurs.

Dans Racine, on ne revoit plus Hippolyte :
dans Euripide, il est rapporté mourant sur
la scène ; et quoique sa piété, sa tendresse filiale et sa magnanimité se montrent alors dans
le plus grand jour, je me réserve de parler
de ce morceau, le plus beau, le plus pathétique de toute la tragédie, lorsque je com-
parerai le but et l'impression générale des
deux compositions.

/ Il nous reste encore à examiner le caractère de Thésée/ celui de tous que Racine a le
plus maltraité. Pour que la situation où il se
trouve ne nuisît pas à la dignité d'un héros aussi
fameux, pour que la passion criminelle de
Phèdre, ses efforts pour séduire Hippolyte,
et l'attentat supposé de celui-ci fussent sentis
dans toute leur horreur, il fallait peindre
Thésée respectable comme époux et comme
père, et ne pas laisser effacer ces sacrés caractères par ses propres vices. Racine a fait tout
le contraire. Dès la première scène Théramène
se permet une conjecture injurieuse sur la
cause de son absence :

Qui sait même, qui sait si le roi votre père
Veut que de son absence on sache le mystère?

Et si , lorsqu'avec vous nous tremblons pour ses jours,
Tranquille , et nous cachant de nouvelles amours ,
Ce héros n'attend point qu'une amante abusée.......

Hippolyte , après avoir interrompu son ami par un prétendu respect pour son père, n'en revient pas moins à blâmer sur ce même point la conduite de Thésée :

Mais quand tu récitais des faits moins glorieux,
Sa foi partout offerte, et reçue en cent lieux ;
Hélène à ses parens dans Sparte dérobée ;
Salamine témoin des pleurs de Péribée ;
Tant d'autres dont les noms lui sont même échappés,
Trop crédules esprits que sa flamme a trompés !
Ariane aux rochers contant ses injustices ;
Phèdre enlevée enfin sous de meilleurs auspices......

Ce catalogue de femmes séduites et abandonnées ne finit pas/cependant Hippolyte y a prudemment omis sa propre mère. Il moralise fort bien ; mais il pouvait se proposer une conduite sage, sans rappeler les écarts de son père, sur lesquels sa naissance même devait l'engager à jeter un voile. Cependant Théramène manque encore beaucoup plus à toutes les convenances dans sa réponse. Il exhorte son élève à se livrer à un penchant que celui-ci croit devoir combattre par respect pour son père :

Ah seigneur ! si votre heure est une fois marquée,
Le ciel de nos raisons ne sait point s'informer.
Thésée ouvre vos yeux en voulant les fermer ;
Et sa haine, irritant une flamme rebelle,
Prête à son ennemie une grâce nouvelle.
Enfin, d'un chaste amour pourquoi vous effrayer ?
S'il a quelque douceur, n'osez-vous l'essayer ?

On voit que cette cour est en train de devenir galante, puisque les gouverneurs y prêchent aux jeunes princes le fatalisme amoureux.

En croirez-vous toujours un farouche scrupule ?
Craint-on de s'égarer sur les traces d'Hercule ?

Théramène ne pouvait point citer d'exemple plus malheureusement choisi pour autoriser un amour timide et délicat. *Les traces d'Hercule* en ce genre pourraient mener loin : ce héros débuta par les cinquante filles de Thespius ; fut, en habits de femme, esclave d'Omphale ; mit une ville à feu et à sang pour enlever Iole, et finit par être victime de la jalousie fondée de Déjanire.

Quels courages Vénus n'a-t-elle pas domptés ?
Vous-même où seriez-vous, vous qui la combattez,
Si toujours Antiope à ses lois opposée,
D'une pudique ardeur n'eût brûlé pour Thésée ?

Ces vers avaient peut-être pour but de compléter la liste des amours de Thésée; mais tout cet argument est ridicule, et surtout cette tournure: *Vous-même, où seriez-vous?* me paraît digne de Pradon.

Ismène parle de l'absence de Thésée dans le même sens que Théramène:

> On dit que, ravisseur d'une amante nouvelle,
> Les flots ont englouti cet époux infidèle.

Phèdre ne l'épargne pas d'avantage:

> Oui, prince, je languis, je brûle pour Thésée:
> Je l'aime, non point tel que l'ont vu les enfers,
> Volage adorateur de mille objets divers,
> Qui va du dieu des morts déshonorer la couche.....

Un homme qui a commis tant d'infidélités, doit avec raison craindre des représailles dans le mariage. Si l'on croit justifier Racine en disant qu'il n'a fait autre chose en cela que suivre la mythologie, je réponds que, même chez les Grecs où la mythologie tenait à la religion, le droit n'a jamais été contesté aux poëtes dramatiques de l'altérer, à plus forte raison d'en voiler des parties et de les soustraire à l'attention des spectateurs. Que nous fait ici la vie précédente de Thésée? Nous

l'oublierons facilement si la maladresse du
poëte ne nous y ramène pas, et nous juge-
rons le héros tel qu'il se montre dans la pièce.
Sans se prévaloir de la morale du siècle héroïque, peu sévère à cet égard, Euripide a soi-
gneusement écarté toute allusion aux amours
de Thésée, excepté celle qu'il ne pouvait pas
éviter , en faisant mention de la naissance
illégitime d'Hippolyte.

Dans les deux pièces Thésée est d'abord
absent ; mais dans le grec, la cause en est
digne et simple : c'est un voyage saint, entrepris pour consulter un oracle , ou pour
célébrer une fête dans un temple étranger.
Racine fait du premier législateur d'Athènes
un roi vagabond qui court le monde sans
que personne sache où il est ; on le soupçonne
même, telle est sa réputation, d'être à la pour-
suite d'une intrigue amoureuse. Ce soupçon
n'est pas injuste, car Thésée en revenant
avoue qu'il a voulu aider un ami à enlever
la femme d'un autre roi , qu'il a échoué et
failli périr dans cette entreprise :

Je n'avais qu'un ami. Son imprudente flamme
Du tyran de l'Épire allait ravir la femme.
Je servais à regret ses desseins amoureux;
Mais le sort irrité nous aveuglait tous deux.

Le tyran m'a surpris sans défense et sans armes.
J'ai vu Pirithoüs, triste objet de mes larmes,
Livré par ce barbare à des monstres cruels
Qu'il nourrissait du sang des malheureux mortels.
Moi-même il m'enferma dans des cavernes sombres,
Lieux profonds et voisins de l'empire des ombres.
Les Dieux après six mois, enfin m'ont regardé:
J'ai su tromper les yeux par qui j'étois gardé,
D'un perfide ennemi j'ai purgé la nature :
A ses monstres lui-même a servi de pâture.

Il se peut que le roi d'Epire ait été un
tyran; mais dans le fait rapporté, le droit
était tout-à-fait de son côté. Pirithoüs et son
ami n'eurent que ce qu'ils avaient mérité, et
pour cette fois les chevaux carnivores furent
bien employés. Il est curieux de voir un aven-
turier usurper le langage d'un champion de
la justice; mais il y a encore plus de niaiserie
que de jactance au fond de ce récit magnifique.

Le tyran m'a surpris sans défense et sans armes.

Ne savait-il pas que dans de pareilles entre-
prises il faut être sur ses gardes?

Moi-même il m'enferma dans des cavernes sombres,
Lieux profonds et voisins de l'empire des ombres.

Si le compagnon d'Hercule a encouru cette

disgrâce par sa propre faute, qu'est-ce qui l'engage à en faire l'aveu devant son fils? En général ce motif de l'absence de Thésée est très-mal imaginé. L'autorité de la mythologie n'excuse rien : il faut que le poëte fasse un choix judicieux entre les traditions fabuleuses; car souvent même elles se contredisent. La croyance des Athéniens, qui rendaient des honneurs divins à Thésée comme à leur héros tutélaire, était sans doute très-différente de celle que rapporte Virgile dans sa description des tourmens de l'enfer :

———————Sedet æternumque sedebit
Infelix Theseus.

J'ai déjà observé l'inconvénient qu'entraîne le bruit de la mort de Thésée. Tout le monde était fort aise de cette nouvelle, tout le monde est consterné par son retour : il est le trouble-fête universel. Pour tout accueil Phèdre le quitte froidement après quelques phrases obscures; Hippolyte, au moment de l'arrivée de son père, lui demande la permission de partir de Trézène; OEnone s'explique enfin plus clairement par une dénonciation mensongère. Mais qui peut compatir à la confusion de Thésée ? Il n'est que juste que celui qui

5

a quitté sa famille pour mettre le désordre dans celle d'autrui, à son retour trouve chez lui le même désordre.

Combien l'arrivée du roi dans Euripide est plus digne ! Il vient la tête couronnée de feuilles, costume de ceux qui faisaient un voyage saint. Ce signe de fête qu'il jette loin de lui quand il apprend la funeste nouvelle, forme un beau contraste avec la consternation qu'il trouve répandue dans son palais. Son inquiétude avant de savoir ce qui est arrivé, sa désolation en apprenant la mort de Phèdre, et à l'aspect douloureux de son corps inanimé, le font connaître comme le plus tendre des pères et des époux. Ses lamentations sont les simples accens de la nature, sans éloquence recherchée, et d'autant plus touchans. « Ce sont les ténèbres, dit-il, les « ténèbres souterraines que je veux habiter « désormais. Je veux me plonger dans l'om- « bre de la mort, malheureux que je suis, « privé de ta douce intimité. » Et ensuite : « Ma maison est déserte, mes enfans sont « orphelins. Tu m'as quitté, tu m'as quitté, « ô la plus chérie des femmes, et la meilleure « qu'aient vue le soleil et l'astre qui éclaire la « nuit ! » Il aperçoit enfin la lettre attachée à

la main de Phèdre, il suppose qu'elle contient
la prière de rester veuf en faveur de ses enfans.
« Sois tranquille, infortunée! s'écrie-t-il : jamais
« aucune femme n'entrera dans la maison
« et le lit nuptial de Thésée. » Y a-t-il rien de
plus touchant que cette tendre sollicitude qui
sanctionne d'avance les dernières volontés
d'une épouse, à l'instant même où celle-ci
l'a trompé par une horrible calomnie contre
son beau-fils ?

Comparons la conduite des deux Thésées
à l'égard de la condamnation d'Hippolyte.
La présomption contre celui-ci est en effet
extrêmement forte dans Euripide. Phèdre
s'est tuée de désespoir, une lettre de sa main
accuse son beau-fils d'être la cause de son
suicide. Thésée ne saurait imaginer quel motif
elle pouvait avoir pour inventer en mourant
un affreux mensonge, puisque sa mort même
paraît attester la pureté de ses sentimens.
Cependant il est coupable de précipitation
en refusant d'attendre les éclaircissemens du
temps. Mais le Thésée de Racine agit absolument comme un insensé. Phèdre est en vie ;
elle emploie une personne subalterne pour
accuser Hippolyte, et Thésée ne l'oblige pas
à s'expliquer elle-même. Quand son fils,

connu autrefois pour vertueux, proteste de son innocence, il ne confronte pas l'accusatrice avec l'accusé, ce qui aurait infailliblement révélé la vérité par le trouble de la femme coupable. Hippolyte assure qu'il aime Aricie, et Thésée n'examine point si cet aveu est fondé. Phèdre vient demander la grâce de son beau-fils, et, au lieu de l'écouter, il court au temple de Neptune, presser l'accomplissement de sa malédiction. L'épée d'Hippolyte laissée entre les mains de Phèdre, invention que Racine a empruntée de Sénèque, ne fournit qu'une faible excuse d'un aveuglement aussi inconcevable.

Le Thésée d'Euripide, puisqu'il revoit son fils mourant, a quelques moyens de réparation, en lui montrant son profond repentir et toute l'étendue de son désespoir. Le Thésée de Racine n'a que des paroles infructueuses, qui, d'ailleurs, sont trop froides pour réconcilier le moins du monde les spectateurs avec lui.

Nous avons vu par l'examen précédent que le poëte moderne a altéré les caractères principaux; qu'il les a dégradés non-seulement dans leur valeur morale, mais qu'il a même affaibli l'énergie et la grandeur qui est com-

patible avec le crime, et surtout qu'il les a
dépouillés de cette beauté idéale qui fait le
charme des chefs-d'œuvre antiques, et semble
nous introduire au milieu d'une race de
mortels plus noble et presque divine. Voyons
maintenant quel rapport existe entre les deux
pièces pour le but et l'impression générale.

Racine est extrêmement satisfait de la mo-
ralité de cette tragédie. « Ce que je puis assurer,
« dit-il, c'est que je n'en ai point faite où la
« vertu soit plus mise en jour que dans celle-
« ci. Les moindres fautes y sont sévèrement
« punies; la seule pensée du crime y est re-
« gardée avec autant d'horreur que le crime
« même; les faiblesses de l'amour y passent
« pour de vraies faiblesses ; les passions n'y
« sont présentées aux yeux que pour montrer
« tout le désordre dont elles sont cause; et le
« vice y est peint partout avec des couleurs
« qui en font connaître et haïr la difformité ».
Cette dernière assertion n'est aucunement
fondée, au contraire Racine a rendu sa Phèdre
aussi séduisante qu'il a pu. Dans la déclaration
de son amour, il a voilé par la délicatesse
des formes ce que cette démarche a de contraire à la pudeur; il a émoussé le reproche
d'une atroce calomnie en le partageant arti-

ficieusement entre la confidente qui ne s'en
charge que par dévouement, et la maîtresse
qui ne fait que consentir sans agir elle-même. /
Dans Euripide le crime est beaucoup plus
franc dans ses démarches, aussi bien dans la
médiation de la nourrice auprès d'Hippolyte,
que dans l'accusation de Phèdre. Ce que Racine
vante en premier lieu, c'est ce qu'on appelle
communément la justice poétique, chose
triviale et très-facile à établir dans une tragédie où tout se passe au gré du poëte. Cette
doctrine que toujours les méchans sont punis,
et les bons récompensés dans cette vie, est absolument erronée; mais fût-il possible de la
persuader aux hommes par des fictions dramatiques, elle seroit plutôt nuisible qu'utile
à la vraie morale. Car la morale douce de
l'amour, c'est-à-dire de la bienveillance universelle, aussi bien que la morale austère du
devoir, reprouve tous les motifs intéressés.
L'homme vertueux, ce n'est pas celui qui
fait le bien parce qu'il espère en recueillir
des avantages pour lui, mais qui le fait quoique
menacé de la souffrance, de la persécution,
et peut-être d'une mort cruelle. Les punitions
et les récompenses terrestres ne servent qu'à
dominer des êtres dont le sens moral est en-

core engourdi, ou en d'autres mots, chez qui
la voix de la conscience ne se fait pas entendre ; elles peuvent fonder des habitudes
qui ressemblent extérieurement à la vertu,
mais qui n'ont rien de commun avec son
essence. Nous voyons souvent le méchant
prospérer pendant une longue carrière : inaccessible aux remords, indifférent à l'estime
des autres, ne sentant aucun besoin des jouissances que les sentimens nobles peuvent seuls
donner, il arrive au terme sans avoir éprouvé
le moindre revers. Toutefois si l'on voulait
soutenir que l'ordre des choses amène des
punitions et des récompenses dans cette vie,
il faudrait bien se contenter d'une rétribution tardive, de cette peine *au pied boiteux,*
qui quitte rarement le scélérat qu'elle pour-
suit. Avec cette concession là, le principe de la
justice poétique ne serait pas plus admissible
dans le système dramatique français, dont les
règles exigent une stricte observation des
vraisemblances , et restreignent en même
temps l'action d'une tragédie à la durée d'un
seul jour. Je demande donc si ce n'est pas
choquer toutes les vraisemblances, que de
nous représenter les actions humaines les
plus importantes, punies et récompensées
dans un si court espace de temps ?

Mais admettons pour un moment le principe, réduisons la poésie à jouer le rôle de la
justice criminelle. Pour qu'elle le joue bien,
il faut du moins que les peines soient propor-
tionnées aux délits, et que les bons ne soient
pas enveloppés dans la même catastrophe
avec les méchans. Examinons à cet égard la
pièce de Racine/Phèdre, par son indulgence
pour sa passion criminelle et par son consentement à une calomnie atroce, a sans doute
mérité sa mort violente et désespérée; OEnone
de même. Thésée a mérité la perte d'un fils
vertueux, par la précipitation qui lui fait oublier tous les devoirs d'un juge équitable.
Mais Hippolyte, l'innocent, le vertueux Hippolyte, qu'a-t-il commis de si grave qui doive
lui attirer une mort prématurée dans les tourmens les plus affreux? «J'ai cru, dit Racine,
«lui devoir donner quelque faiblesse qui le
«rendrait un peu coupable envers son père,
«sans pourtant lui rien ôter de cette grandeur
«d'ame avec laquelle il épargne l'honneur de
«Phèdre et se laisse opprimer sans l'accuser.
«J'appelle faiblesse la passion qu'il ressent
«malgré lui pour Aricie, qui est la fille et la
«sœur des ennemis mortels de son père. ›
Mais le sentiment est involontaire; Hippolyte ne cède au sien que lorsqu'il croit son

père mort; et quand il propose à Aricie de fuir avec lui et de l'épouser, Thésée a en effet renoncé, par le bannissement perpétuel de son fils, à l'autorité paternelle qu'il pouvait avoir sur son mariage. Et Aricie, parce qu'elle répond à un sentiment honorable et se soustrait à l'oppression injuste de Thésée, a-t-elle mérité d'être punie par la perte de ce qu'elle a de plus cher sur la terre?

Les innocens sont donc punis aussi sévèrement que les coupables. Ce n'est pas tout. Ces derniers sont entraînés dans l'abîme, non pas par leurs mauvaises actions, mais par leurs bons mouvemens. OEnone se tue pénétrée de repentir d'avoir contribué à perdre sa maîtresse, et de douleur de s'être attiré son exécration : moins dévouée, elle pouvait très-probablement se sauver. Phèdre, avec une conscience plus endurcie et des sentimens plus haineux contre celui qui l'avait dédaignée, pouvait survivre à Hippolyte, dont la mort écarte tout danger que la vérité ne soit révélée, et paraît sanctionner la sentence de Thésée par la vengeance céleste : elle pouvait continuer de jouir de l'affection de son époux et d'une réputation intacte. Hippolyte même, si dans sa défense il ne s'était pas

abstenu, par délicatesse, d'accuser directement sa belle-mère, pouvait peut-être ébranler son père, et lui donner le temps de
s'éclaircir. Que dis-je! s'il s'était laissé séduire
par Phèdre, une liaison si contraire à la nature pouvait vraisemblablement rester cachée
à tous les yeux, et l'on en aperçoit la puni-
tion au plus dans un lointain très-vague.
En général, pour éviter les malheurs de ce
monde, le froid calcul et la prudence mènent
beaucoup plus loin que la stricte vertu.

Convenons que la morale de la pièce que
Racine croit si rigoureuse, examinée selon
le principe qu'il pose lui-même, est au moins
fort équivoque. Je le répète, la soi-disant
justice poétique n'est point du tout essentielle
à une bonne tragédie, quoiqu'elle puisse y
être observée accidentellement. Ce n'est pas
que la poésie ne doive agir toujours de con-
cert avec la morale, mais c'est un lien bien
moins grossier qui l'unit à celle-ci, c'est d'une
manière bien plus sublime qu'elle doit épurer
les sentimens des hommes. Je ne blâmerai pas
la pièce de Phèdre parce que le vertueux y
périt avec le criminel, mais comme cela est
un spectacle très-douloureux, je m'attends
à des dédommagemens qui rétablissent l'équi-

libre dans l'ame. Voyons si ces dédommagemens s'y trouvent en effet, et si l'on peut
quitter cette tragédie avec la satisfaction que
doit produire l'impression générale d'un ouvrage de l'art quelconque, même du genre
le plus sérieux et le plus austère.

Ceci me mène à des réflexions générales
sur le but et la nature de la tragédie : question
souvent traitée, le plus souvent mal résolue,
et qui à la vérité n'est pas si facile à résoudre.
Il y a de quoi s'étonner que nous, êtres na-
turellement compatissans, entourés des malheurs réels de la vie qui nous touchent, et
auxquels nous ne pouvons pas remédier, nous
veuillions encore nous contrister par la représentation de maux imaginaires. Répondra-t-on
que nous y trouvons plaisir par la comparaison de notre état tranquille avec les bou-
leversemens causés par les passions, comme
on regarde du rivage une tempête sur mer
avec le sentiment de la sécurité ? Cette comparaison si connue de Lucrèce,

Suave, mari magno turbantibus æquora ventis, etc.

s'applique fort bien, comme Lucrèce l'a voulu,
à un philosophe qui, croyant être parvenu à
cette conviction stable qui accompagne l'évi-

dence, contemple avec tranquillité les agita-
tions du doute et de l'erreur; mais elle ne
convient nullement au spectateur sensible
d'une tragédie. Celui-ci, s'il s'intéresse fortement aux personnages tragiques, ne fera
point de retour sur lui-même, ou s'il ne s'oublie pas, c'est un signe qu'il s'y intéresse peu,
et que la tragédie manque son effet. Dira-t-on
que c'est le besoin de nous tirer de l'engour-
dissement de la vie habituelle par des émotions vives, quelles qu'elles soient, qui a
produit l'art tragique ? Je conviens que ce
besoin existe; il a donné naissance aux combats d'animaux, spectacle favori chez plusieurs nations: les Romains ont même poussé
ce goût jusqu'à voir avec plaisir des hommes
se battre à outrance entre eux ou avec des
bêtes féroces; mais ces hommes, c'étaient des
criminels ou des esclaves auxquels on n'ac-
cordait pas les droits de l'humanité. Et nous qui
sommes moins endurcis qu'eux, nous, portés
à des plaisirs plus délicats, tout en n'admettant sur la scène tragique que des caractères
exaltés, voudrions-nous que ces demi-dieux,
ces héros descendissent dans l'arène sanglante
de la tragédie, comme de vils gladiateurs,
uniquement pour ébranler nos nerfs par leurs

souffrances? Non, ce n'est pas le spectacle de
la souffrance qui fait l'attrait d'une tragédie,
ni des jeux du cirque, ni même des combats
d'animaux; car dans ces derniers on voit se
déployer l'agilité, la force et le courage, enfin
des qualités qui ont déjà de l'analogie avec
les facultés intellectuelles et morales de
l'homme. Je crois que ce qui, dans une belle
tragédie, fait ressortir une certaine satisfaction du fond de notre sympathie avec les situations violentes et les peines représentées,
c'est, ou le sentiment de la dignité de la
nature humaine, éveillé dans nous par de
grands modèles, ou la trace d'un ordre de
choses surnaturel, imprimée et comme mys-
térieusement révélée dans la marche en apparence irrégulière des événemens, ou la réu-
nion de ces deux causes.

La force et la résistance donnent l'une la
mesure de l'autre. C'est le besoin qui fait déployer toutes les ressources. Dans les grands
malheurs une ame noble et énergique décou-
vre au fond d'elle-même et met en œuvre ce dé-
pôt de sentimens invincibles que le ciel paraît
y avoir placé pour ces occasions-là; elle décou-
vre alors qu'en dépit des bornes d'une existence
passagère, elle touche à l'infini. Les coups de la

douleur, en frappant cette ame courageuse-
ment concentrée dans elle-même, en font
jaillir l'étincelle divine. C'est pourquoi la
tragédie, celui de tous les genres qui aspire
le plus à l'idéal dans les caractères, est et
doit être remplie de situations difficiles, de
collisions compliquées entre le devoir et la passion, ou entre différentes passions, ou entre
différens devoirs; de revers imprévus, de
terribles catastrophes. Sénèque dit qu'un
grand homme luttant contre l'adversité est
un spectacle digne des Dieux, et si cette sentence paraît dure au premier abord, plusieurs
tragédies antiques peuvent nous en faire saisir
le véritable sens. La poésie tragique peut s'é-
carter de ces sublimes modèles de deux manières : tantôt en peignant superficiellement la
douleur par une froide déclamation et non
pas par ses accens naturels, en ne lui laissant
porter que des atteintes légères et qui ne pé-
nètrent pas jusqu'au centre de l'existence,
en étouffant sa première expression par un
héroïsme prodigué, qui dès-lors ne terrasse
plus qu'un ennemi chimérique; tantôt, en
tâchant de produire un attendrissement efféminé, qui amollit l'ame au lieu de lui donner
une trempe plus forte. Le premier défaut est

souvent celui de Corneille, presque toujours celui d'Alfieri : les plus anciens exemples du second se trouvent dans Euripide ; Métastase en est rempli ; en général, les poëtes modernes y sont fort sujets par la pente universelle de leur siècle.

Mais la partie de l'art tragique dans laquelle les modernes ont le plus péché, parce qu'ils n'avoient point d'idées claires et fixes sur la nature et le but de la tragédie, c'est la tendance générale qui doit se manifester dans l'ensemble. On a cherché les marques distinctives de ce genre dans des circonstances absolument accidentelles, comme le dénoûment malheureux ou la dignité royale des personnages. La définition la plus reçue est qu'une tragédie est la représentation sérieuse, et dialoguée dans un style élevé, d'une action une, complète et capable d'inspirer la terreur et la pitié. On croit l'action complète quand on trouve à la fin de la pièce un point de repos souvent assez précaire pour l'imagination ou le sentiment. Quant à l'unité d'action, ce terme est très-vague. L'action tragique se compose nécessairement d'une multitude d'actions partielles ; on peut donc la resserrer ou l'étendre à volonté : car une série d'actions

occasionées les unes par les autres, quelque
prolongée qu'elle soit, pourra toujours être
rassemblée sous un seul point de vue, et dési-
gnée par un seul nom. Mais sans insister davantage là-dessus, j'observerai qu'un personnage dramatique n'agit pas seulement, mais
qu'il éprouve à son tour l'influence des actions des autres, lesquelles ne dépendent pas de
lui ; sous ce point de vue, on peut considérer
ce qui se passe dans une tragédie comme une
suite d'événemens, tout aussi bien que comme
une suite d'actions. En un mot, la scène tragique nous présente, non-seulement les caractères humains, mais les destinées humaines.
Et qu'est-ce qui réglera ces destinées dans la
fiction du poëte tragique? Veut-on que ce
soit le hasard, c'est-à-dire qu'il n'y ait
aucune règle quelconque ? Je vois bien
qu'une quantité de tragédies sont faites ainsi ;
on serait fort embarrassé d'y découvrir une
tendance inhérente à la nature de la chose
même, et un autre but que celui de produire
à l'aventure des émotions souvent discordantes
entre elles. Mais je crois que la marche des
événemens doit se lier à une pensée ; que c'est-
là ce qui constitue la véritable unité d'une
tragédie. Ce n'est point une théorie faite en

l'air; je me fonde sur l'exemple des Grecs, dans les tragédies desquels on trouve généralement une pensée unique bien clairement énoncée, et tellement dominante qu'elle est pour ainsi dire l'ame et le génie de tout le genre. / Ce principe invisible, cette pensée fondamentale et motrice dans la tragédie grecque, c'est la fatalité. Elle était comprise dans la croyance religieuse des anciens ; / on pouvait s'attendre à des faveurs ou des hostilités de la part des dieux, suivant qu'on se les était rendus propices ou contraires : mais ces êtres finis, quoique puissans, n'étaient pas les souverains arbitres du sort des humains ; ils obéissaient eux-mêmes à une destinée aussi inévitable qu'inconcevable, et n'étaient souvent que les aveugles ministres de ses décrets. Cette doctrine peu consolante, puisqu'elle ne fournit à l'homme vertueux aucune assurance qu'il soit placé sous la protection spéciale de la divinité, peut jeter dans un abattement total les caractères pusillanimes : mais elle donne un nouveau ressort aux ames fortes en les obligeant à se replier sur elles-mêmes, et à ne plus compter que sur leurs propres moyens ; elle leur inspire la ferme résolution de supporter le mieux qu'il sera possible ce qui est sans remède, et d'opposer au coup fatal une conscience pure et un courage inflexible. C'est à l'influence de cette doctrine qu'il faut attribuer le génie éminemment tragique des poëtes grecs à l'époque où la raison sociale étant parvenue à sa maturité, les opinions religieuses étaient encore en pleine vigueur.

Les Romains, avec des institutions plus sévères et une morale plus stoïque, n'ont cependant jamais montré un génie original dans la tragédie. L'on pourrait croire que cela vient uniquement de ce que le développement de leur littérature ne coïncide pas avec l'intégrité des mœurs républicaines. Cependant leurs plus anciens poëtes, qui ne faisaient que traduire des pièces grecques, vivaient du temps des guerres puniques. Il y a une raison plus profonde à donner de ce manque d'une tragédie vraiment nationale chez les Romains : c'est qu'ils avaient transporté le tragique dans l'histoire du monde. Arbitres du sort des peuples, ils y jouaient le rôle de cette fatalité destructive qui préside aux tragédies grecques; ils avaient vu crouler tous les empires, et enfin leur propre liberté, par la même pente fatale. Les rois enchaînés et menés en triomphe, les frappaient bien plus immédiatement par le spectacle des terribles vicissitudes humaines, que ne pouvait faire la catastrophe d'une tragédie. Blasés sur les merveilles de la fable tragique des Grecs, ils voulurent renchérir sur leurs modèles, et tombèrent dans des déclamations ampoulées.

La fatalité est directement opposée à notre croyance religieuse ; le christianisme lui a substitué l'idée de la providence. Il pourrait donc être mis en doute si un poëte chrétien, en voulant faire passer dans ses ouvrages la manière de voir qui est en rapport avec sa religion, ne se trouverait pas dans l'impossibilité de composer une véritable tragédie, et si la poésie tragique, création de l'homme abandonné à ses propres forces, ne disparaît pas, comme les autres fantômes nocturnes d'une imagination superstitieuse, devant l'aurore de la révélation. Il faudrait répondre par l'affirmative, si la religion nous enseignait que la providence fait constamment prospérer les bons et punit toujours les méchans dans cette vie. Mais les voies de la providence sont impénétrables, il n'y a qu'une piété inspirée qui puisse en saisir les traces : tout ce que nous savons, c'est qu'une félicité éternelle dédommagera l'homme religieux de ses souf-

frances terrestres ; que / dans le grand combat
entre le bien et le mal, qui se renouvelle sans
cesse dans ce monde, le bien doit triompher
finalement, et que tout doit aboutir à la gloire
de Dieu. Un tel ordre de choses admet donc
une infinité de situations où l'héroïsme religieux, quoique autrement modifié que celui
de la simple vertu naturelle, peut se déployer
dans toute sa force ; il admet les événemens
les plus pathétiques, bien que leur ensemble
fasse entrevoir, comme dans une sphère plus
élevée, une pensée consolante.

Le système tragique des Grecs est fondé
sur un développement de la morale, presque entièrement indépendant de la religion.
La dignité de l'homme y est maintenue comme
en dépit de l'ordre surnaturel des choses : la
liberté morale dispute à la fatale nécessité,
qui est supposée gouverner le monde, un
sanctuaire intime dans l'ame ; et quand la
nature humaine est trop faible pour rem-
porter dans ce combat une complète victoire,
on lui ménage du moins une honorable retraite. L'idée de la providence n'est devenue
une opinion populaire que depuis l'intro-
duction du christianisme ; mais les anciens
les plus éclairés en ont eu des lueurs, comme

de plusieurs autres vérités révélées. La terreur domine dans les tragédies d'Eschyle, et la fatalité y plane au-dessus des mortels dans tout son sinistre éclat. Cependant Agamemnon, les Choëphores et les Euménides, ces trois pièces d'Eschyle qui composent une *trilogie* (c'est-à-dire une suite de tragédies destinées à être réunies dans la représentation), quoique, considérées isolément, elles soient tout-à-fait conformes au système de la fatalité, prises ensemble, laissent apercevoir quelque chose qui ressemble à la providence. Dans la première pièce, Agamemnon est immolé par Clytemnestre : c'est une vengeance du sacrifice d'Iphigénie, lequel, à son tour, lui avait été imposé parce qu'il avait involontairement offensé Diane. Dans la seconde, Oreste venge son père en assassinant sa mère. Cette suite de vengeances, en même temps justes et criminelles, pourrait se prolonger à l'infini, si, dans la troisième pièce, la sagesse divine, sous la forme de Minerve, n'y mettait pas un terme et ne rétablissait l'équilibre moral, en faisant absoudre, par un tribunal, Oreste, après qu'il a expié sa révolte contre la nature par la longue persécution des Furies. Dans Prométhée enchaîné, nous voyons un être divin, le bienfaiteur du genre humain, opprimé par la tyrannie du sort: mais il est probable que la seconde tragédie d'Eschyle sur ce sujet, Prométhée délivré, servait à adoucir un peu l'impression terrible que laisse la première.

Dans les différentes pièces de Sophocle, il se trouve des gradations encore plus remarquables à l'égard de la rigueur avec laquelle la fatalité y règne. Sa tragédie d'Œdipe roi, semble écrite exprès pour inculquer ce dogme, pour faire connaître la nature de la fatalité par l'exemple le plus complet et le plus frappant. Un homme est destiné à commettre les crimes les plus atroces : toutes les précautions que prennent ses parens dès sa naissance, celles qu'il prend ensuite lui-même, ne servent qu'à amener l'accomplissement des oracles. La même fatalité l'entraîne enfin à la découverte de ces crimes long-temps ignorés : du haut d'une vie glorieuse et pure en apparence, il est plongé sans ressource dans l'opprobre et dans un affreux désespoir. Mais dans Œdipe à Colone, nous voyons ce même homme, un vieillard aveugle, pauvre, banni, errant sur la terre, trouver enfin un lieu de repos, où il est délivré de cette malédiction céleste qui a si long-temps

pesé sur sa tête : nous le voyons dans ses
derniers momens exerçant l'autorité paternelle contre un fils dénaturé, entouré de la
tendresse de ses filles, protégé et honoré par
un illustre héros, enfin sanctifié par une mort
miraculeuse et solennelle; et la tombe de
celui dont on détournait avec horreur le
regard pendant sa vie, devient une bénédic-
tion pour le pays qui la conserve. Les dieux
qui ont choisi cet innocent pour offrir un
exemple de l'aveuglement des mortels, lui
doivent et lui accordent cette réparation
d'honneur à la face du monde. C'est encore
la fatalité : mais elle a déposé son aspect terrible pour se montrer douce et équitable ;
c'est la fatalité déguisée en providence. En
général, Sophocle, quoique ses ouvrages respirent la grandeur, la grâce et la simplicité
antique, est peut-être de tous les poëtes grecs
celui dont les sentimens ont le plus d'analogie
avec l'esprit de notre religion.

Dans Euripide, on peut distinctement apercevoir un double personnage : le poëte, dont les
productions étaient consacrées à une solennité
religieuse et qui, étant sous la protection de la
religion, devait la respecter à son tour; et le
sophiste à prétentions philosophiques, qui,

au milieu des merveilles fabuleuses, liées à la religion, dans lesquelles il devait puiser les sujets de ses pièces, tâchait de glisser ses doutes et ses opinions d'esprit fort. Dans ce temps, la poésie tragique, soit par le relâchement des moeurs, soit par l'influence des doctrines philosophiques, commençait à s'altérer. Euripide a souvent des scènes qui s'approchent beaucoup du drame bourgeois, ou même de la haute comédie : il fait entrer dans son tableau de la vie héroïque la morale de la vie sociale de ses contemporains; il préfère assez souvent l'attendrissement efféminé au pathétique mâle; il court après les effets brillans et sacrifie le tout à la partie. Avec tous ces défauts, c'est un poëte d'une admirable facilité et d'un génie éminemment aimable et séduisant.

Comme les modernes, en vertu de leur religion, ont une manière de voir les rapports moraux et la destinée de l'homme, très-opposée à celle des anciens, il n'est pas étonnant qu'en voulant imiter la tragédie antique ils se soient plus attachés aux formes qu'à la base sur laquelle repose tout ce superbe édifice. Nous ne remarquons dans Euripide que de la vacillation : mais les modernes souvent manquent décidément de tendance gé-

nérale; ils naviguent sans boussole sur la vaste
mer des combinaisons tragiques possibles.
Quand ils ont traité des sujets mythologiques, ces fictions nous ayant été transmises,
modifiées par les poëtes anciens dans le
sens de la fatalité, celle-ci s'est introduite quelquefois dans leurs compositions, sans qu'ils
en aient eu l'intention, peut-être même sans
qu'ils l'aient su. D'autres fois, quelque idée de
rétribution, ou même de providence, paraît
dans leurs ouvrages; mais isolément, à la surface, et sans qu'elle soit identifiée avec le
tout. Mais le plus souvent, lorsqu'ils ont ren-
contré une fiction ou un fait historique
quelconque qui paraît leur offrir des situations pathétiques et une catastrophe frappante, et qu'ils sont parvenus à l'arranger dans
le cadre usité des cinq actes, en observant
l'unité de temps, de lieu, et les autres convenances théâtrales, ils croient avoir rempli leur
tâche, sans se soucier d'un but ultérieur.

Les idées chrétiennes peuvent cependant
fournir à la tragédie une base aussi sublime
et bien plus consolante que celle que les
anciens tiraient de leur religion. L'essai en a
été fait : les poëtes espagnols ont composé
beaucoup de pièces chrétiennes ; Calderon

surtout, dont l'inspiration était toute religieuse, a donné des chefs-d'œuvre dans ce
genre, pour l'appréciation desquels, à la vérité, il faut entrer dans le système dramatique
admis au théâtre espagnol. La tragédie chrétienne n'est pas étrangère non plus à la scène
française. Sans parler de Polyeucte, d'Esther
et d'Athalie, que leur sujet range dans cette
classe, je crois qu'Alzire peut mériter le titre
d'une tragédie chrétienne. L'orgueil oppressif
et la dureté de Gusman paraissent devoir
aliéner du christianisme les esprits des Péru-
viens, et produisent cet effet sur Zamore ; les
malheurs que ces mêmes défauts attirent à
Gusman, et qu'il considère comme un châti-
ment du ciel, lui font manifester dans ses
derniers momens des sentimens généreux et
charitables : ce miracle opéré par la religion
convertit Zamore, et par son moyen sans doute
tous ses adhérens. Voilà donc un enchaînement de causes et d'effets où même les im-
perfections humaines tournent finalement
au service de la religion.

Je conçois un troisième système tragique,
dont l'exemple a été donné par le seul Sha-
kespeare ; ce poëte à intentions profondes,
qu'on a singulièrement méconnu en le pre-

nant pour un génie sauvage, produisant aveu-
glément des ouvrages incohérens. J'appellerai
Hamlet une tragédie philosophique ou, pour
mieux dire, sceptique. Elle a été inspirée
par une méditation profonde sur les destinées humaines, et elle l'inspire à son tour.
L'ame ne pouvant acquiescer à aucune conviction, cherche vainement à sortir du laby-
rinthe par une autre issue que par l'idée
du néant universel. La marche à dessein
lente, embarrassée et quelquefois rétrograde
de l'action, est l'emblème de l'hésitation in-
tellectuelle qui est l'essence du poëme : c'est
une réflexion non terminée et intermi-
nable sur le but de l'existence, une réflexion dont la mort tranche enfin le nœud
gordien. Ce genre de tragique est peut-
être le plus sombre de tous : car la nature
humaine demande à s'appuyer fermement
sur une persuasion quelconque ; l'irrésolution
de la raison lui répugne, et il faut que les
ressorts moraux soient extrêmement relâchés,
pour que l'homme puisse se complaire dans
un scepticisme apathique sur les vérités qui
devraient l'intéresser le plus. La tragédie de
Lear a beaucoup d'analogie avec celle de
Hamlet : elle est même plus forte dans le

même genre. Ce qui est exprimé par toute cette composition n'est plus le doute, c'est le désespoir de pouvoir découvrir dans les voies de ce monde ténébreux le moindre vestige d'une idée consolante. Ce tableau gigantesque nous présente un bouleversement du monde moral, tel qu'il paraît menacer du retour du chaos ; ce n'est pas une tragédie individuelle, mais elle embrasse le genre humain. Macbeth au contraire est écrit dans le système de la tragédie ancienne, malgré l'extrême disparité des formes. La fatalité y règne ; nous y retrouvons même ces prédictions qui deviennent la cause de l'événement qu'elles annoncent, ces oracles perfides qui, tout en s'accomplissant à la lettre, trompent l'espérance de celui qui s'y est fié.

Après cette discussion épisodique, mais qui contribuera, j'espère, à rendre plus claires les observations que je vais faire, je rentre dans mon sujet. Dans la pièce d'Euripide que nous avons analysée, la partie de la fatalité est très-bien ordonnée. D'abord il assigne à des événemens aussi extraordinaires une cause surnaturelle ; la colère de Vénus en est le mobile, et pour preuve qu'aucune prévoyance humaine n'aurait pu les prévenir,

la déesse les annonce dans le prologue. Ces pro-
logues, qui instruisent le spectateur d'avance
de ce qui va se passer sous ses yeux, et dont
Euripide seul, parmi les tragiques grecs, a
fait usage, sont fort contraires à notre goût :
sans vouloir les justifier, je remarquerai seulement que la tragédie grecque ne connais-
sait guère l'intrigue, et qu'un poëte dramatique aurait tort de compter beaucoup sur
l'attrait de la curiosité, puisque cet attrait est
usé dès la première représentation. Du reste
Euripide pouvait avoir besoin de ces pro-
logues pour familiariser les spectateurs avec
ses fictions, parce qu'il se permettait d'altérer
la mythologie dans des points fort essentiels.
Quoi qu'il en soit, Phèdre est reconnue pour
être une victime de la haine fatale de Vénus,
puisque cette déesse déclare elle-même
qu'elle l'enflamme d'une passion criminelle,
uniquement pour se venger d'Hippolyte.
Phèdre ainsi devient plutôt l'objet de la pitié
que de l'indignation des spectateurs. Racine
l'a bien senti : il fait parler sa Phèdre plusieurs
fois de la colère de Vénus contre elle et toute
sa famille ; mais comme cette colère n'est
point expliquée, et que Phèdre pouvait bien
la supposer dirigée contre elle, seulement

pour son excuse, cela ne fait qu'une faible impression.

Quoique l'Hippolyte d'Euripide s'attire le courroux de Vénus jusqu'à un certain point par sa propre faute, c'est-à-dire parce qu'il néglige le culte extérieur de cette déesse, il y a néanmoins de la fatalité dans son malheur. Vénus est blessée aussi de son indifférence envers les plaisirs de l'amour, qui provient de ce qu'il y a de plus original et de plus intime dans le caractère d'Hippolyte, cette chaste pureté de l'ame qui le rend l'adorateur enthousiaste et le favori de Diane. Cependant la protection spéciale de cette dernière ne peut le sauver de sa perte; car, comme Diane le dit exprès, aucune divinité n'osait contrarier les vues d'une autre à l'égard d'un mortel. C'est donc par la rivalité nécessaire et éternelle entre ces deux déesses opposées, qu'Hippolyte périt. Il y a encore de la fatalité dans ces trois demandes accordées d'avance par Neptune à Thésée, sans doute avec l'intention de l'exaucer miraculeusement pour son propre bonheur. Voilà la seule influence surnaturelle que Racine ait conservée. Il pensait apparemment que la mythologie ancienne n'étant pas un objet de notre croyance, il fallait, en la traitant, mettre de l'économie dans l'usage du merveilleux. Mais un miracle isolé se concilie plus difficilement l'imagination, que tout un ordre de choses où les miracles sont habituels. Du reste le malheur d'Hippolyte dans la pièce française n'arrive assurément pas par la colère de Vénus, puisqu'il lui rend hommage par son amour pour Aricie. Aussi Racine a-t-il cru le rendre un peu coupable envers son père par cette faiblesse, afin de ne pas choquer le sentiment par l'infortune d'un jeune héros parfaitement vertueux ; intention manquée, comme je l'ai montré plus haut. Il dit : « Pour ce qui est du personnage d'Hippolyte, j'avois remarqué dans » les anciens qu'on reprochait à Euripide » de l'avoir représenté comme un philosophe » exempt de toute imperfection ; ce qui fai- » sait que la mort de ce jeune prince cau- » sait beaucoup plus d'indignation que de » pitié. » Cette critique contre Euripide est tout-à-fait injuste. Il est vrai qu'il a doué Hippolyte de toutes les vertus morales ; mais enfin il lui fait traiter Vénus avec dédain, et cela seul doit le perdre. Car, selon les anciens, il ne suffisait pas d'être vertueux pour plaire aux Dieux : on leur supposait des passions humaines ; il fallait donc mettre du soin à les flatter personnellement. C'est à cette doctrine religieuse que les censeurs devaient s'en prendre, et non pas au poëte.

Cependant. dans les deux tragédies l'innocence périt également par un supplice affreux, comme foudroyée par la vengeance divine : chez Euripide, sous la domination de la fatalité ; chez Racine, dans un ordre de choses où semblerait plutôt régner la providence, puisqu'il prétend y avoir établi de justes rétributions. Voyons quels adoucissemens les deux poëtes ont mis à cette terrible catastrophe , pour apaiser la sensibilité révoltée du spectateur, et lui laisser, au lieu d'une impression pénible, un souvenir cher et attendrissant.

Voici la marche d'Euripide. Thésée croyant encore son fils coupable, raffermi même dans sa persuasion par la rapidité avec laquelle Neptune l'a exaucé, écoute le récit de son désastre avec une attitude ferme, quoique les entrailles d'un père commencent à s'émouvoir en lui. Il ordonne qu'on apporte devant ses yeux Hippolyte blessé à mort. Alors Diane paraît ; elle appelle Thésée, elle lui révèle

l'innocence, la piété de son fils et la trame à
laquelle il a succombé ; elle lui reproche, sans
ménagement quelconque, le sort funeste et ir-
réparable d'Hippolyte. Ses paroles, empreintes
d'une majesté sévère, et qui, avec une briè-
veté admirable, rapprochent de notre imagination le tableau des événemens passés, sont
autant de coups de poignard pour Thésée : il
est anéanti, il n'a que des exclamations de désespoir pour toute réponse. La déesse ajoute
à la fin, comme excuse et consolation, que
Vénus courroucée a voulu ce malheur, et a
plongé Thésée dans un aveuglement involontaire. Sur ces entrefaites, Hippolyte est
apporté par ses compagnons. Il faut se rappeler ici la construction des théâtres anciens,
où le *proscenium* était fort large, de sorte
que des acteurs, qui ne venaient pas du
fond, mais d'un des côtés, étaient vus de loin,
et avaient besoin de quelque temps pour
arriver au milieu de la scène. Ce temps se
passe en gémissemens et en plaintes déchi-
rantes, que l'excès de la douleur arrache à
l'intrépide Hippolyte. Il supplie ses compagnons de le porter doucement, parce que
chaque secousse renouvelle ses tourmens : il
demande une épée pour les finir ; il invoque

la mort. Lorsque le triste cortége est arrivé devant le palais, et que le brancard sur lequel on apporte Hippolyte est posé à terre, Diane s'approche de lui, et il se passe entr'eux et Thésée une scène que je vais traduire en entier.

DIANE.

O malheureux! dans quelle calamité as-tu été enveloppé ! La noblesse de ton ame t'a perdu.

HIPPOLYTE.

O souffle divin! quoique dans les douleurs, je t'ai senti et je suis soulagé. —Sachez que la déesse Diane est dans cette enceinte.

DIANE.

Oui, malheureux, la divinité la plus amie est près de toi.

HIPPOLYTE.

Vois-tu, ma souveraine, l'état déplorable où je suis ?

DIANE.

Je le vois ; mais les larmes sont interdites à mes yeux.

HIPPOLYTE.

Tu n'as plus ton chasseur, ton fidèle serviteur.....

DIANE.

Hélas, non! tu péris bien cruellement.

HIPPOLYTE.

Ni le conducteur de tes coursiers, ni le gardien de tes images.

DIANE.

La perfide Vénus a ourdi cette trame.

HIPPOLYTE.

Ah! Je reconnais enfin la déesse qui m'anéantit.

DIANE.

Elle était blessée de tes dédains, et haïssait ta sagesse.

HIPPOLYTE.

Je le comprends; Vénus nous a perdu tous les trois.

DIANE.

Vous tous: toi, ton père et son épouse.

HIPPOLYTE.

Je gémis aussi sur l'infortune de mon père.

DIANE.

Il fut trompé par les desseins d'une divinité.

HIPPOLYTE.

O mon père, que tu es malheureux de cet événement !

THÉSÉE.

C'en est fait de moi, mon enfant, toute la joie de ma vie est détruite.

HIPPOLYTE.

Je pleure bien plus ton erreur que mon sort.

THÉSÉE.

Que ne puis-je mourir à ta place, mon enfant!

HIPPOLYTE.

O dons amers de ton père Neptune!

THÉSÉE.

Plût au ciel que je n'eusse jamais prononcé de tels vœux!

HIPPOLYTE.

Eh quoi? tu m'aurais peut-être tué toi-même dans ton courroux.

THÉSÉE.

Oui, les Dieux avaient égaré ma raison.

HIPPOLYTE.

Hélas! la race humaine est donc sous la malédiction des Dieux.

DIANE.

Calme-toi, car la colère de Vénus offensée, quoi qu'elle fasse, ne peut plus t'atteindre au sein des ténèbres souterraines ; ta piété et tes sentimens vertueux te protègent. Je te vengerai sur elle de ma propre main, en frappant de cet arc infaillible le mortel qu'elle chérira le plus. Mais toi, infortuné, pour les peines que tu souffres, je t'accorderai les plus grands honneurs dans la ville de Trézène. Dans les siècles à venir, les jeunes filles avant leurs noces couperont leur chevelure en ton honneur, te vouant leur deuil profond et leurs larmes. L'accord mélodieux de voix virginales te célébrera toujours, et l'amour mémorable de Phèdre pour toi ne tombera jamais dans l'oubli. Mais toi, fils du vieillard Égée, prends ton fils dans tes bras, et serre-le contre ton cœur : car tu l'as perdu involontairement ; il est naturel que les hommes pèchent quand les Dieux les induisent en erreur. Et toi, Hippolyte, je t'exhorte à ne point détester ton père ; car c'est ta destinée qui t'a fait périr. Reçois mon dernier salut. Il ne m'est pas permis de voir les morts, ni de souiller mon regard par des exhalaisons mortelles ; et déjà je te vois approcher du moment fatal.

HIPPOLYTE.

Salut à toi aussi, vierge bienheureuse, et puisses-tu quitter sans peine notre longue intimité ! Je fais ma paix avec mon père, puisque tu le veux ; car de tout temps j'ai obéi à tes paroles. (*Diane s'éloigne.*) Ah ! ah ! déjà les ténèbres se répandent sur mes yeux. Prends-moi dans tes bras, mon père, et soutiens mes membres brisés.

THÉSÉE.

Hélas, mon enfant ! quelle douleur tu me prépares !

7*

HIPPOLYTE.

C'en est fait de moi; je vois les portes de l'enfer.

THÉSÉE.

Et tu laisses mon ame chargée d'un crime?

HIPPOLYTE.

Non assurément, puisque je t'acquitte de ce meurtre.

THÉSÉE.

Que dis-tu? tu me décharges du sang versé?

HIPPOLYTE.

J'en atteste Diane et son arc invincible.

THÉSÉE.

Enfant chéri, que tu te montres généreux envers ton père!

HIPPOLYTE.

Adieu donc, mon père! mille fois adieu!

THÉSÉE.

Ah, que ton ame est bonne et pieuse!

HIPPOLYTE.

Prie les Dieux de t'accorder des fils tels que moi.

THÉSÉE.

Ne m'abandonne pas, mon enfant, fais encore quelque effort.

HIPPOLYTE.

Tous mes efforts sont finis ; je me meurs, mon père.
Voile à l'instant mon visage de ton manteau. (*Il meurt.*)

THÉSÉE.

O Athènes, illustre contrée de Pallas, de quel homme
es-tu privée ! Infortuné que je suis ! ô Vénus, je me res-
souviendrai éternellement de tes coups !

Telle est cette scène imparfaitement tra-
duite et dépouillée du charme de la diction
et de l'harmonie des vers. Je n'en connais point
de plus touchante dans aucune tragédie ancienne ou moderne : tout y paraît simple et
naturel ; cependant l'art des contrastes y est
admirablement employé. Nous voyons la majesté immortelle auprès de la jeunesse expi-
rante, les déchiremens du repentir auprès
des émotions d'une ame pure. Diane montre
pour les maux des humains toute la pitié
qui est compatible avec son essence divine ;
mais il y a néanmoins dans ses paroles je ne
sais quelle empreinte d'une sérénité céleste.
A l'approche de la déesse tutélaire les douleurs d'Hippolyte s'apaisent : il se meurt ;
mais il ne souffre plus. Elle sanctifie par sa
présence sa dernière heure, et son départ
annonce solennellement ce moment mysté-

rieux qui nous attend tous, et dont personne
ne sait se former une idée. Le jeune héros,
en quittant une si belle vie, n'en regrette pas
les jouissances terrestres : c'est le culte de
Diane qui était son plus cher partage; c'est
pour son père qu'il s'afflige. Quelle douceur,
quelle noblesse, quelle piété filiale dans tout
ce qu'il dit à Thésée! Il faudra bien con-
venir ici que les anciens ont quelquefois de-
viné les sentimens chrétiens; c'est-à-dire, ce
qu'il y a de plus aimant, de plus pur et de
plus sublime dans l'ame. Enfin, et c'est l'es-
sentiel pour l'impression totale que produit cette tragédie, la dure fatalité est adoucie
autant qu'il était possible. Hippolyte mourant
est entouré de toutes les consolations imagi-
nables : son père, repentant et désespéré, lui
montre une tendresse sans bornes; une déesse
le soulage, le plaint et lui promet les honneurs immortels d'un héros; image aussi vi-
vante de la félicité éternelle obtenue en
échange d'une existence passagère, que la
religion des anciens pouvait l'admettre.

Qu'est-ce que Racine a mis à la place de tant
de beautés? Rien, absolument rien. Dans sa
pièce, Hippolyte meurt sans savoir si son innocence sera jamais reconnue, sans revoir même

Aricie, et plein d'inquiétude sur le sort de son amante. Phèdre, en mourant, lui fait réparation d'honneur; Thésée se repent de son injustice : mais tout cela est tardif, et en outre faiblement énoncé. Il est vrai, le poëte ne nous rend pas témoins des souffrances d'Hippolyte et de sa mort, qui n'est mise qu'en récit; il nous affecte donc beaucoup moins fortement : mais le fond de la chose, c'est-à-dire l'affreux sort de l'innocence, reste le même. Les anciens avaient peut-être des nerfs moins délicats que nous, mais certainement une sensibilité plus vraie et plus naturelle : ils voulaient bien, dans les ouvrages de l'art, se livrer à la pénible sympathie pour la douleur physique, pourvu qu'il y eût une compensation morale. Je crains que les modernes qui ont traité les sujets tragiques tirés de l'antiquité, ne les aient rendus souvent plus choquans et plus atroces dans le fond, en même temps qu'ils en affaiblissaient l'effet et polissaient la surface.

Sans doute Racine, par égard pour les convenánces théâtrales exigées de son temps, n'a pas osé introduire sur la scène un homme mourant de ses blessures; ce que pourtant,

après lui, d'autres poëtes français, se sont permis : beaucoup moins a-t-il osé faire paraître
une déesse, de peur qu'un tel miracle visible
ne devînt ridicule. Cela prouve seulement
quel désavantage il y a pour le poëte à tirer
son sujet d'un monde merveilleux, dont les
fictions ont perdu leur vie et leur réalité pour
les spectateurs actuels, à moins qu'ils ne
veuillent l'y suivre de bonne volonté et avec
une imagination docile./Dira-t-on, pour justifier Racine, qu'Hippolyte, dans toute la
pièce, n'inspire qu'un intérêt médiocre, que
tout est absorbé par l'intérêt pour Phèdre,
et que la mort de celle-ci est la véritable catastrophe?/Je ne crois pas que le sujet ait
gagné à être retourné ainsi; mais, en tout cas,
l'ayant pris dans ce sens, le pompeux récit de
Théramène n'est plus qu'un hors-d'œuvre : au
lieu de renchérir sur la mort horrible d'Hippolyte, il fallait en affaiblir l'impression; il valait
peut-être mieux laisser son sort dans le vague.
C'est trop peu dire, il n'y avait aucune nécessité de le faire mourir. Phèdre pouvait se
tuer, persuadée que la malédiction de Thésée
pousserait Hippolyte à sa perte : Thésée pouvait être éclairé à temps sur l'innocence de

son fils; il pouvait révoquer ses vœux adressés à Neptune. Hippolyte pouvait revenir sur la scène, s'étant vu sauvé au moment où il croyait périr; il pouvait se réconcilier avec son père après la mort de la femme coupable. Aricie pouvait être unie à son amant, et on aurait vu l'amour vertueux récompensé, tandis que l'amour criminel eût été puni. Si la beauté principale de la pièce consiste dans le rôle de Phèdre, comme on en convient, cela n'aurait pu lui nuire aucunement. Après toutes les émotions causées par sa passion, le dénoûment aurait été plus satisfaisant, les impressions en général plus harmonieuses, et le but moral de l'auteur mieux rempli. Les anciens se sont permis des déviations de la mythologie établie, tout aussi grandes; et les droits d'un poëte moderne, à cet égard, sont encore plus étendus, parce que les traditions de la fable ne sont plus des articles de foi.

Je termine ici ma comparaison des deux pièces, et je laisse au lecteur à juger si l'assertion de M. de Laharpe est fondée, que *Racine a partout substitué les plus grandes beautés aux plus grands défauts.* Quels que soient les

argumens que l'on veuille opposer au résultat
de mon examen, je souhaite qu'il puisse mener à des pensées, fécondes pour l'art dramatique, sur le différent esprit de la tragédie
grecque et de la tragédie française.

FIN.

ERRATA.

Page 11, ligne 15, meilleurs, *lisez* : meilleures
Page 46, ligne 8, insousiance, *lisez :* insouciance
Page 80, lignes 19 et 20, sont faites : ainsi on serait,
  lisez : sont faites ainsi : on serait